1st Edition

# 2023 백광훈 형사소송법의 수사와 증거 최신판례집

**백광훈** 편저

경단기

박영사

# PREFACE

본서는 2023년도에 시행될 경찰채용·경찰간부 등 시험에 대비하기 위하여 형사소송법의 수사와 증거 분야에서 출제가 예상되는 약 120여 건의 판례들을 총정리한 최신판례집 총정리집이다. 최신판례집을 만드는 목적은 분명하다. 최단 시간에 최대의 최신판례를 마스터함으로써, 출제될 만한 핵심내용을 정리하는 것이다.

이를 위해 본서에서 역점을 둔 부분은 다음과 같다.

① 최신판례로서, 2016년 1월부터 2022년 10월 31일까지 판시된 약 7년간의 대법원판례(헌법재판소결정례 포함)를 수록하였다.

② 판례를 대법원 종합법률정보에 나오는 방식대로 수록하는 것이 수험공부에는 그리 효과적이지 못하므로, 본서는 필자의 판례정리 방식인 문제와 해결(Q&A) 식으로 정리함으로써, 주어진 질문을 해결하는 과정에서 자연스럽게 판례의 내용과 결론이 숙지되도록 하였다. 특히 시험장에서 판례가 직관적으로 연상되는 것에 목표를 두었다.

③ 판례 중 판결요지 부분은 시험에 그대로 출제되므로 있는 그대로 수록하되, 각 판례의 판결이유까지 장황하게 소개하는 것은 독자들의 정리에 큰 도움이 되지 못할 것이므로 화제가 되는 중요판례를 제외하고는 핵심법리 위주로 압축하였다.

④ 최근 시험에서 출제된 판례들에는 기출표시를 명시함으로써 수험용 판례집으로서의 활용도를 높이고자 하였다.

본서는 필자의 형사소송법의 수사와 증거 강의교재로 공부하는 독자들과 마무리과정에 있는 수험생들에게는 필수적인 자료라고 생각된다. 최신판례를 정리하지 않고 시험에 응시하는 것은 상상할 수 없는 일이기 때문이다. 더불어 형법 최신판례집 2023년판도 본서와 같은 방식으로 정리된 교재임을 확인해둔다.

끝으로 본서의 출간을 위해 많은 도움을 주신 도서출판 박영사의 임직원님들에게 깊은 감사를 드린다.

2023년 2월
**백 광 훈**
cafe.daum.net/jplpexam(백광훈형사법수험연구소)

# CONTENTS

## CHAPTER 04 증 거

2023 백광훈 형사소송법의 수사와 증거
최신판례집

# 형사소송법의 수사와 증거

CHAPTER 01

# 수 사

## 1 수사의 의의와 구조

●●○

### 001 함정수사의 위법성이 미치는 범위

> [제1문] 경찰관이 게임 결과물의 환전을 거절하는 피고인에게 적극적으로 환전을 요구하는 방식의 함정수사가 위법한가?
>
> [제2문] 경찰관이 함정수사 과정에서 이미 이루어지고 있던 피고인의 다른 범행을 적발한 경우 이에 관한 공소제기가 법률의 규정에 위반하여 무효인 때에 해당하는가?

[제1문]

판례 **본래 범의를 가지지 아니한 사람에 대하여 수사기관이 사술이나 계략 등을 써서 범의를 유발하게 하여 범죄인을 검거하는 함정수사는 위법**하고, 이러한 함정수사에 기한 공소제기는 그 절차가 법률의 규정에 위반하여 무효인 때에 해당한다(대법원 2005.10.28, 2005도1247; 2021.7.29, 2017도16810).

solution 위법하다.

[제2문]

판례 수사기관이 사술이나 계략 등을 써서 피고인의 범의를 유발한 것이 아니라 **이미 이루어지고 있던 범행을 적발한 것에 불과**하므로, 이에 관한 공소제기가 함정수사에 기한 것으로 볼 수 없다(대법원 2021.7.29, 2017도16810).

보충 ① 게임 결과물 환전으로 인한 게임산업법위반 범행은 경찰관의 위법한 함정수사로 인하여 범의가 유발된 때에 해당하므로 이에 관한 공소를 기각한 원심의 판단은 정당하나, ② 사행행위 조장으로 인한 게임산업법위반 범행은 수사기관이 이미 이루어지고 있던 범행을 적발한 것에 불과할 뿐 이에 관한 공소제기가 함정수사에 기한 것으로 볼 수 없다고 보아 이 부분 공소를 기각한 원심의 판단에 함정수사에 관한 법리를 오해하여 판결에 영향을 미친 잘못이 있다고 본 사례이다.

solution 해당하지 않는다.

# 2 수사의 개시

## 002 부재자 재산관리인이 법정대리인으로서 적법한 고소권자에 해당하는가의 문제

피고인은 피해자(부재자)의 언니로서(비동거친족) 법원에서 부재자 재산관리인으로 선임되어 피해자 앞으로 공탁된 수용보상금을 출급하였고, 이후 법원은 피고인을 재산관리인에서 해임하고 변호사 A를 재산관리인으로 개임하였는데, 피고인이 변호사 A에게 수용보상금의 존재를 알리지 않았고 그 인계도 거부하자, 변호사 A가 법원의 권한초과행위 허가를 받아 수사기관에 피고인을 배임(친고죄) 등으로 고소하였다. 이렇게 법원이 선임한 부재자 재산관리인이 법원으로부터 부재자 재산에 대한 범죄행위에 관하여 고소권 행사 허가를 받은 경우, 그가 형사소송법 제225조 제1항에서 정한 법정대리인으로서 적법한 고소권자에 해당하는가?

판례 **법원이 선임한 부재자 재산관리인이 그 관리대상인 부재자의 재산에 대한 범죄행위에 관하여 법원으로부터 고소권 행사에 관한 허가를 얻은 경우 부재자 재산관리인은 형사소송법 제225조 제1항에서 정한 법정대리인으로서 적법한 고소권자에 해당한다**고 보아야 한다. 그 이유는 다음과 같다. ① 형사소송법은 "피해자의 법정대리인은 독립하여 고소할 수 있다."라고 정하고 있다(제225조 제1항). 법정대리인이 갖는 대리권의 범위는 법률과 선임 심판의 내용 등을 통해 정해지므로 독립하여 고소권을 가지는 법정대리인의 의미도 법률과 선임 심판의 내용 등을 통해 정해진다. 법원이 선임한 부재자 재산관리인은 법률에 규정된 사람의 청구에 따라 선임된 부재자의 법정대리인에 해당한다. 부재자 재산관리인의 권한은 원칙적으로 부재자의 재산에 대한 관리행위에 한정되나, **부재자 재산관리인은 재산관리를 위하여 필요한 경우 법원의 허가를 받아 관리행위의 범위를 넘는 행위를 하는 것도 가능**하고, 여기에는 **관리대상 재산에 관한 범죄행위에 대한 형사고소도 포함**된다. 따라서 부재자 재산관리인은 관리대상이 아닌 사항에 관해서는 고소권이 없겠지만, 관리대상 재산에 관한 범죄행위에 대하여 **법원으로부터 고소권 행사 허가를 받은 경우에는 독립하여 고소권을 가지는 법정대리인에 해당**한다. ② 고소권은 일신전속적인 권리로서 피해자가 이를 행사하는 것이 원칙이나, 형사소송법이 예외적으로 법정대리인으로 하여금 독립하여 고소권을 행사할 수 있도록 한 이유는 피해자가 고소권을 행사할 것을 기대하기 어려운 경우 피해자와 독립하여 고소권을 행사할 사람을 정하여 피해자를 보호하려는 데 있다. 부재자 재산관리제도의 취지는 부재자 재산관리인으로 하여금 부재자의 잔류재산을 본인의 이익과 더불어 사회경제적 이익을 기하고 나아가 잔존배우자와 상속인의 이익을 위하여 관리하게 하고 돌아올 부재자 본인 또는 그 상속인에게 관리해 온 재산 전부를 인계하도록 하는 데 있다(대법원 1976.12.21, 75마551). 부재자는 자신의 재산을 침해하는 범죄에 대하여 처벌을 구하는 의사표시를 하기 어려운 상태에 있다. 따라서 **부재자 재산관리인에게 법정대리인으로서 관리대상 재산에 관한 범죄행위에 대하여 고소권을 행사할 수 있도록 하는 것이 형사소송법 제225조 제1항과 부재자 재산관리제도의 취지에 부합**한다(대법원 2022.5.26, 2021도2488).

solution 해당한다.

●●○
## 003 1심 법원에 소촉법상 재심청구를 하지 않고 항소권회복청구를 하여 항소심절차에 온 경우에는 처벌을 희망하는 의사표시를 철회할 수 없다는 사례

판례 제1심 법원이 반의사불벌죄로 기소된 피고인에 대하여 소송촉진 등에 관한 특례법(이하 '소송촉진법'이라고 한다) 제23조에 따라 피고인의 진술 없이 유죄를 선고하여 판결이 확정된 경우, 만일 피고인이 책임을 질 수 없는 사유로 공판절차에 출석할 수 없었음을 이유로 소송촉진법 제23조의2에 따라 제1심 법원에 재심을 청구하여 재심개시결정이 내려졌다면 피해자는 재심의 제1심 판결 선고 전까지 처벌을 희망하는 의사표시를 철회할 수 있다. 그러나 피고인이 제1심 법원에 소송촉진법 제23조의2에 따른 재심을 청구하는 대신 항소권회복청구를 함으로써 항소심 재판을 받게 되었다면 항소심을 제1심이라고 할 수 없는 이상 항소심 절차에서는 처벌을 희망하는 의사표시를 철회할 수 없다(대법원 2016.11.25, 2016도9470).

●●●
## 004 고소의 주관적 불가분의 원칙 - 반의사불벌죄에의 준용 가부

• 경찰1차 13, 경찰2차 14·15, 국가7급 14, 국가9급 12·13·20, 법원9급 14·15·16·20·21

피고인 甲은 공동피고인 乙, 丙과 공모하여 ① 공연히 허위의 사실을 적시하여 사자(死者)인 망(亡) A의 명예를 훼손하고 동시에 ② 사람을 비방할 목적으로 허위의 사실을 적시하여 위 A의 전 보좌관 B와 C의 명예를 훼손하였다고 공소가 제기된 이 사건에서, 공소사실 중 망(亡) A의 명예를 훼손한 점은 고소가 있어야 죄를 논할 수 있는 죄이고, 피해자 B과 C의 명예를 훼손한 점은 피해자의 명시한 의사에 반하여 죄를 논할 수 없는 죄인데, 제1심판결 선고 전에 고소인 D(A의 처), E(A의 동생)는 乙, 丙에 대한 고소를 취소하였고, 고소인 B와 C는 乙, 丙에 대한 처벌을 희망하는 의사표시를 철회하였다. 다음 질문에 답하시오.

[제1문] 피고인 乙, 丙이 ① 공연히 허위의 사실을 적시하여 사자(死者)인 망(亡) A의 명예를 훼손한 부분에 대하여 법원은 어떠한 판결을 하여야 하는가?

[제2문] 피고인 乙, 丙이 ② 사람을 비방할 목적으로 허위의 사실을 적시하여 위 A의 전 보좌관 B와 C의 명예를 훼손한 부분에 대하여 법원은 어떠한 판결을 하여야 하는가?

[제3문] 피고인 甲이 ① 공연히 허위의 사실을 적시하여 사자(死者)인 망(亡) A의 명예를 훼손한 부분에 대하여 법원은 어떠한 판결을 하여야 하는가?

[제4문] 피고인 甲이 ② 사람을 비방할 목적으로 허위의 사실을 적시하여 위 A의 전 보좌관 B와 C의 명예를 훼손한 부분에 대하여 법원은 어떠한 판결을 하여야 하는가?

판례 형사소송법이 고소와 고소취소에 관한 규정을 하면서 제232조 제1항, 제2항에서 고소취소의 시한과 재고소의 금지를 규정하고 제3항에서는 반의사불벌죄에 제1항, 제2항의 규정을 준용하는 규정을 두면서도, 제233조에서 고소와 고소취소의 불가분에 관한 규정을 함에 있어서는 반의사불벌죄에 이를 준용하는 규정을 두지 아니한 것은 처벌을 희망하지 아니하는 의사표시나 처벌을 희망하는 의사표시의 철회에 관하여 친고죄와는 달리 공범자간에 불가분의 원칙을 적용하지 아니하고자 함에 있다고 볼 것이지, 입법의 불비로 볼 것은 아니다(대법원 1994.4.26, 93도1689).

[제1문 · 제2문]

피고인 乙, 丙의 ① **A에 대한 사자명예훼손죄**는 친고죄인데 제1심판결 선고 전에 고소인 D(A의 처), E(A의 동생)가 乙, 丙에 대한 고소를 취소하였으므로(형사소송법 제232조 제1항), 법원은 공소기각판결을 선고하여야 한다(형사소송법 제327조 제5호).

피고인 乙, 丙의 ② B와 C에 대한 **출판물에 의한 명예훼손죄**는 반의사불벌죄인데 제1심판결 선고 전에 고소인 B와 C가 乙, 丙에 대한 처벌을 희망하는 의사표시를 철회하였으므로(형사소송법 제232조 제3항), 법원은 공소기각판결을 선고하여야 한다(형사소송법 제327조 제6호).

solution [제1문] 공소기각판결(형사소송법 제327조 제5호)
[제2문] 공소기각판결(형사소송법 제327조 제6호)

[제3문 · 제4문]

피고인 甲의 ① **A에 대한 사자명예훼손죄**는 친고죄인데 제1심판결 선고 전에 고소인 D(A의 처), E(A의 동생)가 乙, 丙에 대한 고소를 취소하였고(형사소송법 제232조 제1항), 친고죄의 경우 고소의 (주관적) 불가분의 원칙이 적용되므로(형사소송법 제233조), 법원은 공소기각판결을 선고하여야 한다(형사소송법 제327조 제5호).

피고인 甲의 ② **B와 C에 대한 출판물에 의한 명예훼손죄**는 반의사불벌죄로서 고소의 (주관적) 불가분의 원칙에 관한 형사소송법 제233조의 규정이 준용되지 않는다. 즉 고소인 B와 C는 乙, 丙에 대한 처벌을 희망하는 의사표시의 철회의 효력은 甲에게 미치지 않으므로(대법원 1994.4.26, 93도1689), 법원은 유 · 무죄의 실체판결을 하여야 한다.

solution [제3문] 공소기각판결
[제4문] 유 · 무죄의 실체판결

참고 **형사소송법 제232조(고소의 취소)**

① 고소는 제1심 판결선고 전까지 취소할 수 있다.
② 고소를 취소한 자는 다시 고소하지 못한다(고소를 취소한 자는 다시 고소할 수 없다. [전문개정 2020.12.8.]).
③ 피해자의 명시한 의사에 반하여 죄를 논할 수 없는 사건에 있어서 처벌을 희망하는 의사표시의 철회에 관하여도 전2항의 규정을 준용한다(피해자의 명시한 의사에 반하여 공소를 제기할 수 없는 사건에서 처벌을 원하는 의사표시를 철회한 경우에도 제1항과 제2항을 준용한다. [전문개정 2020.12.8.]).

참고 **형사소송법 제233조(고소의 불가분)**

친고죄의 공범 중 그 1인 또는 수인에 대한 고소 또는 그 취소는 다른 공범자에 대하여도 효력이 있다.

참고 **형사소송법 제327조(공소기각의 판결)** 다음 경우에는 판결로써 공소기각의 선고를 하여야 한다.

5. 고소가 있어야 죄를 논할 사건에 대하여 고소의 취소가 있은 때(고소가 있어야 공소를 제기할 수 있는 사건에서 고소가 취소되었을 때 [전문개정 2020.12.8.])
6. 피해자의 명시한 의사에 반하여 죄를 논할 수 없는 사건에 대하여 처벌을 희망하지 아니하는 의사표시가 있거나 처벌을 희망하는 의사표시가 철회되었을 때(피해자의 명시한 의사에 반하여 공소를 제기할 수 없는 사건에서 처벌을 원하지 아니하는 의사표시를 하거나 처벌을 원하는 의사표시를 철회하였을 때 [전문개정 2020.12.8.])

●●○

## 005 반의사불벌죄에서 처벌을 희망하는 의사표시의 철회의 시기와 성폭력범죄 피해자의 변호사의 처벌불원의사표시 가능 여부

• 경찰2차 20

판례 반의사불벌죄에서 처벌을 희망하는 의사표시의 철회 또는 처벌을 희망하지 않는 의사표시는 제1심 판결 선고 전까지 할 수 있다(형사소송법 제232조 제1항, 제3항). 처벌불원의 의사표시의 부존재는 소극적 소송조건으로서 **직권조사사항**에 해당하므로 당사자가 항소이유로 주장하지 않았더라도 원심은 이를 직권으로 조사 · 판단하여야 한다. **성폭력범죄의 처벌 등에 관한 특례법** 제27조는 **성폭력범죄 피해자**에 대한 변호사 선임의 특례를 정하고 있다. 성폭력범죄의 피해자는 형사절차상 법률적 조력을 받기 위해 스스로 변호사를 선임할 수 있고(제1항), 검사는 피해자에게 변호사가 없는 경우 국선변호사를 선정하여 형사절차에서 피해자의 권익을 보호할 수 있으며(제6항), 피해자의 변호사는 형사절차에서 피해자 등의 대리가 허용될 수 있는 모든 소송행위에 대한 **포괄적인 대리권**을 가진다(제5항). 따라서 **피해자의 변호사는 피해자를 대리하여 피고인에 대한 처벌을 희망하는 의사표시를 철회하거나 처벌을 희망하지 않는 의사표시를 할 수 있다**(대법원 2019.12.13, 2019도10678).

●●○

## 006 국정농단 의혹사건 진상규명을 위한 국정조사 특별위원회의 위증 고발 사건 : 국회 국정농단 특위 활동기간 종료 후 위증 고발은 위법하다는 사례

• 경찰2차 21

국회에서의 증언 · 감정 등에 관한 법률(이하 '국회증언감정법'이라 한다)은 제1조에서 국회에서의 안건심의 또는 국정감사나 국정조사와 관련하여 행하는 보고와 서류제출의 요구, 증언 · 감정 등에 관한 절차를 규정하는 것을 그 목적으로 밝히고 있다. 국회증언감정법 제14조 제1항 본문은 같은 법에 의하여 선서한 증인이 허위의 진술을 한 때에는 1년 이상 10년 이하의 징역에 처한다고 규정하고, 제15조 제1항 본문은 본회의 또는 위원회는 증인이 제14조 제1항 본문의 죄를 범하였다고 인정한 때에는 고발하여야 한다고 규정하며, 제15조 제2항은 제1항의 규정에 불구하고 범죄가 발각되기 전에 자백한 때에는 고발하지 아니할 수 있다고 규정하고 있다. 다음은 이에 관한 대법원 2018.5.17, 2017도14749 전원합의체 판결을 문제로 만든 것이다. 잘 읽고 물음에 답하시오.

[제1문] 국회증언감정법 제15조 제1항의 고발은 같은 법 제14조 제1항 본문에서 정한 위증죄의 소추요건인가?

[제2문] 국회증언감정법 제15조 제1항 단서의 고발은 해당 특별위원회가 존속하는 동안에 해야 하는가?

[제1문]

판례 [다수의견] 국회증언감정법의 목적과 위증죄 관련 규정들의 내용에 비추어 보면, 국회증언감정법은 국정감사나 국정조사에 관한 국회 내부의 절차를 규정한 것으로서 국회에서의 위증죄에 관한 고발 여부를 국회의 자율권에 맡기고 있고, 위증을 자백한 경우에는 고발하지 않을 수 있게 하여 자백을 권장하고 있으므로 **국회증언감정법 제14조 제1항 본문에서 정한 위증죄는 같은 법 제15조의 고발을 소추요건으로** 한다고 봄이 타당하다.

보충 [대법관 김신의 반대의견] 국회증언감정법에는 고발을 소추요건으로 한다는 명문의 규정이 없으므로 국회증언감정법 제15조 제1항 고발은 수사의 단서일 뿐이고 소추요건이라 보기는 어렵다.

solution 소추요건이다.

[제2문]

판례 [다수의견] 국회증언감정법 제15조 제1항 본문에 따른 고발은 증인을 조사한 본회의 또는 위원회의 의장 또는 위원장의 명의로 한다(동 제15조 제3항). 따라서 그 위원회가 고발에 관한 의결을 하여야 하므로 제15조 제1항 본문의 고발은 위원회가 존속하고 있을 것을 전제로 한다. 한편 국회증언감정법 제15조 제1항 단서는 위와 같은 본문에 이어서 "다만 청문회의 경우에는 재적위원 3분의 1 이상의 연서에 따라 그 위원의 이름으로 고발할 수 있다."라고 규정하고 있다. …… 국회증언감정법 제15조 제1항 단서에 의한 고발도 위원회가 존속하는 동안에 이루어져야 한다고 해석하는 것이 타당하다. **특별위원회가 존속하지 않게 된 이후에도 과거 특별위원회가 존속할 당시 재적위원이었던 사람이 연서로 고발할 수 있다고 해석하는 것은 유추해석금지의 원칙에 위배된다.** 국회증언감정법 제15조 제1항 단서의 문언 및 입법 취지, 다른 법률 규정과의 관계 등에 비추어 보면, 국회증언감정법 제15조 제1항 단서의 재적위원은 존속하고 있는 위원회에 적을 두고 있는 위원을 의미하고, **특별위원회가 존속하지 않게 된 경우 그 재적위원이었던 사람을 의미하는 것은 아니라고 해석하는** 것이 타당하다. 이와 달리 특별위원회가 소멸하였음에도 과거 특별위원회가 존속할 당시 재적위원이었던 사람이 연서로 고발할 수 있다고 해석하는 것은 소추요건인 고발의 주체와 시기에 관하여 그 범위를 행위자에게 불리하게 확대하는 것이다. 이는 가능한 문언의 의미를 벗어나므로 유추해석금지의 원칙에 반한다.

보충 박근혜 전 대통령에 대한 '비선진료' 의혹과 관련해 국회 청문회에서 위증을 한 혐의로 재판에 넘겨진 의대 교수에 대한 박영수 특별검사의 공소제기 절차에 문제가 있다며 대법원이 공소를 기각한 사건이다.

solution 존속하는 동안에 해야 한다.

●○○

## 007 즉시고발사건의 고발과 객관적 불가분의 원칙

> 국세청장이 허위세금계산서 교부의 중개행위로 고발하였는데('피고인은 A가 재화나 용역을 공급하지 아니하고 허위세금계산서를 발급하는 행위를 중개하였다'는 내용의 범칙사실, 특가법 제8조의2 제1항 제1호, 조세범 처벌법 제10조 제4항), 검사가 허위세금계산서 교부의 공동정범으로 공소를 제기('피고인은 A와 공모하여 재화나 용역을 공급하지 아니하고 허위세금계산서를 교부하였다'는 내용의 공소사실, 특가법 제8조의2 제1항 제1호, 조세범 처벌법 제10조 제3항 제1호, 형법 제30조)한 것은 적법한가?

판례 조세범 처벌법에 의한 고발은 고발장에 범칙사실의 기재가 없거나 특정이 되지 아니할 때에는 부적법하나, 반드시 공소장 기재요건과 동일한 범죄의 일시·장소를 표시하여 사건의 동일성을 특정할 수 있을 정도로 표시하여야 하는 것은 아니고, **「조세범 처벌법」이 정하는 어떠한 태양의 범죄인지를 판명할 수 있을 정도의 사실을 일응 확정할 수 있을 정도로 표시**하면 족하고, 고발사실의 특정은 고발장에 기재된 범칙사실과 세무공무원의 보충진술 기타 고발장과 함께 제출된 서류 등을 종합하여 판단하여야 한다. 그리고 **고발은 범죄사실에 대한 소추를 요구하는 의사표시로서 그 효력은 고발장에 기재된 범죄사실과 동일성이 인정되는 사실 모두에 미친다**(고발의 객관적 불가분의 원칙, 대법원 2011.11.24, 2009도7166). 이 사건 고발장에 기재된 범칙사실과 이 사건 공소장에 기재된 공소사실 사이에는 **법률적 평가에 차이가 있을 뿐 양자 간에 기본적 사실관계의 동일성이 인정되어** 이 사건 공소는 유효한 고발에 따라 적법하게 제기된 것이다(대법원 2022.6.30, 2018도10973).

보충 피고인이 A와 공모하여 피해자 기술보증기금 등의 담당직원을 기망하여 보증서를 발급받아 피해자 기술보증기금 등에 대한 신용보증금액 상당의 사기범행을 완료한 후 위 보증서 등을 이용하여 피해자 신한은행의 대출 담당직원을 기망하여 대출금을 지급받았다면, 피해자 신한은행에 대한 사기범행이 피해자 기술보증기금 등에 대한 사기범행에 흡수되거나, 그 사기범행의 불가벌적 사후행위에 해당한다고 볼 수 없어, 피해자 신한은행에 대하여 대출금액 상당의 별도의 사기죄가 성립한다.

solution 적법하다.

## 3 임의수사

### 008 적법한 임의동행 • 국가7급 20

판례 피고인이 술에 취한 상태에서 굴삭기를 운전하여 화물차에 적재하였다고 하여 도로교통법 위반(음주운전)으로 기소된 경우, 피고인이 음주측정을 위해 경찰서에 동행할 것을 요구받고 **자발적인 의사로 경찰차에 탑승하였고, 경찰서로 이동 중 하차를 요구하였으나 그 직후 수사 과정에 관한 설명을 듣고 빨리 가자고 요구**하였으므로, 피고인에 대한 **임의동행은 적법**하고, 그 후 이루어진 음주측정 결과는 증거능력이 있다(대법원 2016.9.28, 2015도2798).

### 009 경직법상 임의동행과 형사소송법상 임의수사를 위한 임의동행 • 경찰2차 22, 국가7급 21

경찰관은 피고인의 정신 상태, 신체에 있는 주사바늘 자국, 알코올 솜 휴대, 전과 등을 근거로 피고인의 마약류 투약 혐의가 상당하다고 판단하여 경찰서로 임의동행을 요구하였고, 동행장소인 경찰서에서 피고인에게 마약류 투약 혐의를 밝힐 수 있는 소변과 모발의 임의제출을 요구하였다. 그렇다면 이 사건의 임의동행은 ① 경찰관직무집행법 제3조 제2항에 따른 임의동행인가, ② 형사소송법 제199조 제1항에 따른 임의동행인가?

판례 임의동행은 ① 경찰관 직무집행법 제3조 제2항에 따른 행정경찰 목적의 경찰활동으로 행하여지는 것 외에도 ② 형사소송법 제199조 제1항에 따라 범죄 수사를 위하여 수사관이 동행에 앞서 피의자에게 동행을 거부할 수 있음을 알려 주었거나 동행한 피의자가 언제든지 자유로이 동행과정에서 이탈 또는 동행장소로부터 퇴거할 수 있었음이 인정되는 등 오로지 피의자의 자발적인 의사에 의하여 이루어진 경우에도 가능하다(대법원 2006.7.6, 2005도6810 등). 기록에 의하면, **경찰관은 당시 피고인의 정신 상태, 신체에 있는 주사바늘 자국, 알코올 솜 휴대, 전과 등을 근거로 피고인의 마약류 투약 혐의가 상당하다고 판단하여 경찰서로 임의동행을 요구하였고, 동행장소인 경찰서에서 피고인에게 마약류 투약 혐의를 밝힐 수 있는 소변과 모발의 임의제출을 요구하였음을 알 수 있다. 그렇다면 이 사건 임의동행은 마약류 투약 혐의에 대한 수사를 위한 것이어서 형사소송법 제199조 제1항에 따른 임의동행에 해당한다.** 그런데도 원심이 이 사건 임의동행을 경찰관 직무집행법 제3조 제2항에 따른 것으로 속단하여 위와 같이 판단한 데에는 임의동행에 관한 법리를 오해한 잘못이 있다(대법원 2020.5.14, 2020도398).

보충 다만 원심은 수사기관이 위 소변과 모발을 형사소송법 제218조에 따른 임의제출물로 압수함에 있어 그 제출의 임의성도 부정하였고, 관련 법리와 기록에 비추어 살펴보면, 검사가 위 임의성의 존재에 관하여 합리적 의심을 배제할 정도로 증명하는 데에 실패하였다고 볼 수 있어서 임의성을 부정한 판단 부분에 상고이유 주장과 같이 논리와 경험의 법칙을 위반하여 자유심증주의의 한계를 벗어나거나 임의제출물 압수의 임의성, 위법수집증거 배제법칙과 증거능력에 관한 법리를 오해한 잘못이 없다. 결국 피고인의 소변과 모발은 증거능력을 인정할 수 없으므로, 앞서 본 원심의 임의동행에 관한 법리를 오해한 잘못은 판결에 영향이 없다.

solution ② 형사소송법 제199조 제1항에 따른 임의동행이다.

●●○
## 010 통신비밀보호법상 '전기통신의 감청'의 의미

• 경찰1차 14, 경찰간부 17, 경찰승진 15·19·20, 국가7급 16, 국가9급 17, 변호사시험 17

전자우편이 송신되어 수신인이 이를 확인하는 등 이미 수신이 완료된 전기통신에 관하여 남아 있는 기록이나 내용을 열어보는 등의 행위가 통신비밀보호법상 '전기통신의 감청'에 해당하는가?

판례 통신비밀보호법에 규정된 '통신제한조치'는 '우편물의 검열 또는 전기통신의 감청'을 말하는 것으로(제3조 제2항), 여기서 **'전기통신'이라 함은 전화 · 전자우편 · 모사전송 등과 같이 유선 · 무선 · 광선 및 기타의 전자적 방식에 의하여 모든 종류의 음향 · 문언 · 부호 또는 영상을 송신하거나 수신하는 것**을 말하고(제2조 제3호), **'감청'**이라 함은 **전기통신에 대하여 당사자의 동의 없이 전자장치 · 기계장치 등을 사용하여 통신의 음향 · 문언 · 부호 · 영상을 청취 · 공독(共讀)하여 그 내용을 지득(知得) 또는 채록(採錄)하거나 전기통신의 송 · 수신을 방해하는 것**을 말한다(제2조 제7호). 따라서 **'전기통신의 감청'**은 위 '감청'의 개념 규정에 비추어 **현재 이루어지고 있는 전기통신의 내용을 지득 · 채록하는 경우와 통신의 송 · 수신을 직접적으로 방해하는 경우**를 의미하는 것이지 **전자우편이 송신되어 수신인이 이를 확인하는 등으로 이미 수신이 완료된 전기통신에 관하여 남아 있는 기록이나 내용을 열어보는 등의 행위는 포함하지 않는다** 할 것이다. 이는 행위의 태양으로 보면 오히려 위 법에서 우편물에 대하여 당사자의 동의 없이 개봉하는 등의 행위를 규정한 '검열'에 가까운 것이지만, **전자우편의 검열은 통신제한조치 허가 등 위 법에 의한 규율대상에 포함되지 않음이 법문의 규정상 명백하다**(대법원 2012.7.26, 2011도12407; 대법원 2012.10.25, 2012도4644; 대법원 2012.11.29, 2010도9007; 대법원 2016.10.13, 2016도8137).

solution 해당하지 않는다.

●●○
## 011 패킷감청규정에 대한 헌법불합치 결정례

판례 통신비밀보호법(1993.12.27. 법률 제4650호로 제정된 것) 제5조 제2항은 "통신제한조치는 제1항의 요건에 해당하는 자가 발송·수취하거나 송·수신하는 특정한 우편물이나 전기통신 또는 그 해당자가 일정한 기간에 걸쳐 발송·수취하거나 송·수신하는 우편물이나 전기통신을 대상으로 허가될 수 있다."고 규정하고 있는데, 이 중 **'인터넷회선을 통하여 송 · 수신하는 전기통신'에 관한 부분은 헌법에 합치되지 아니한다. 위 법률조항은 2020.3.31.을 시한으로 개정될 때까지 계속 적용한다**(헌법재판소 2018.8.30, 2016헌마263).

통신비밀보호법 개정사항 - 2020.3.24. 일부개정 · 시행
[개정이유]
구법은 통신제한조치를 집행하여 취득한 전기통신에 대하여 통신제한조치에 관여한 공무원 등의 비밀준수의무와 통신제한조치로 취득한 자료의 사용 제한에 관하여 규정하고 있을 뿐, 수사기관이 통신제한조치로 취득한 자료의 처리나 보관절차에 대해서는 아무런 규정을 두고 있지 않고 있는데, 헌법재판소는 2018년 8월 30일에 이 법 제5조 제2항 중 **'인터넷 회선을 통하여 송신·수신하는 전기통신'**에 관한 부분은 인터넷 감청의 특성상 다른 통신제한조치에 비하여 수사기관이 취득하는 자료가 매우 방대함에도 불구하고 수사기관이 감청 집행으로 취득한 자료에 대한 처리 등을 객관적으로 통제할 수 있는 절차가 마련되어 있지 않다는 취지로 **헌법불합치 결정**을 내렸다(2016헌마263). 이에

2020.3.24. 개정 통신비밀보호법에서는 수사기관이 인터넷 회선을 통하여 송신·수신하는 전기통신에 대한 통신제한조치로 취득한 자료에 대해서는 집행 종료 후 범죄수사나 소추 등에 사용하거나 사용을 위하여 보관하고자 하는 때에는 보관 등이 필요한 전기통신을 선별하여 **법원으로부터 보관 등의 승인**을 받도록 하고, 승인 청구를 하지 아니한 전기통신 등의 폐기 절차를 마련하였다.

**[개정내용]**

제12조의2를 다음과 같이 신설한다.

통신비밀보호법 제12조의2(범죄수사를 위하여 인터넷 회선에 대한 통신제한조치로 취득한 자료의 관리) ① **검사**는 인터넷 회선을 통하여 송신·수신하는 전기통신을 대상으로 제6조 또는 제8조(제5조 제1항의 요건에 해당하는 사람에 대한 긴급통신제한조치에 한정한다)에 따른 통신제한조치를 집행한 경우 그 전기통신을 제12조 제1호에 따라 사용하거나 사용을 위하여 보관(이하 이 조에서 "보관등"이라 한다)하고자 하는 때에는 **집행종료일부터 14일 이내에 보관등이 필요한 전기통신을 선별하여 통신제한조치를 허가한 법원에 보관등의 승인을 청구하여야 한다.**

② **사법경찰관**은 인터넷 회선을 통하여 송신·수신하는 전기통신을 대상으로 제6조 또는 제8조(제5조 제1항의 요건에 해당하는 사람에 대한 긴급통신제한조치에 한정한다)에 따른 통신제한조치를 집행한 경우 그 전기통신의 보관등을 하고자 하는 때에는 **집행종료일부터 14일 이내에 보관등이 필요한 전기통신을 선별하여 검사에게 보관등의 승인을 신청하고, 검사는 신청일부터 7일 이내에 통신제한조치를 허가한 법원에 그 승인을 청구할 수 있다.**

③ 제1항 및 제2항에 따른 승인청구는 통신제한조치의 집행 경위, 취득한 결과의 요지, 보관등이 필요한 이유를 기재한 서면으로 하여야 하며, 다음 각 호의 서류를 첨부하여야 한다.

1. 청구이유에 대한 소명자료
2. 보관등이 필요한 전기통신의 목록
3. 보관등이 필요한 전기통신. 다만, 일정 용량의 파일 단위로 분할하는 등 적절한 방법으로 정보저장매체에 저장·봉인하여 제출하여야 한다.

④ 법원은 청구가 이유 있다고 인정하는 경우에는 보관등을 승인하고 이를 증명하는 서류(이하 이 조에서 "승인서"라 한다)를 발부하며, 청구가 이유 없다고 인정하는 경우에는 청구를 기각하고 이를 청구인에게 통지한다.

⑤ **검사 또는 사법경찰관은 제1항에 따른 청구나 제2항에 따른 신청을 하지 아니하는 경우에는 집행종료일부터 14일(검사가 사법경찰관의 신청을 기각한 경우에는 그 날부터 7일) 이내에 통신제한조치로 취득한 전기통신을 폐기하여야 하고, 법원에 승인청구를 한 경우(취득한 전기통신의 일부에 대해서만 청구한 경우를 포함한다)에는 제4항에 따라 법원으로부터 승인서를 발부받거나 청구기각의 통지를 받은 날부터 7일 이내에 승인을 받지 못한 전기통신을 폐기하여야 한다.**

⑥ 검사 또는 사법경찰관은 제5항에 따라 통신제한조치로 취득한 전기통신을 폐기한 때에는 폐기의 이유와 범위 및 일시 등을 기재한 폐기결과보고서를 작성하여 피의자의 수사기록 또는 피내사자의 내사사건기록에 첨부하고, **폐기일부터 7일 이내에 통신제한조치를 허가한 법원에 송부하여야 한다.**

●●○
## 012 통신제한조치의 위탁을 받은 통신기관의 감청의 방식

• 경찰1차 17

판례 통신제한조치허가서에는 통신제한조치의 종류 · 목적 · 대상 · 범위 · 기간 및 집행장소와 방법을 특정하여 기재하여야 하고(통신비밀보호법 제6조 제6항), 수사기관은 허가서에 기재된 허가의 내용과 범위 및 집행방법 등을 준수하여 통신제한조치를 집행하여야 한다. 이때 수사기관은 통신기관 등에 통신제한조치허가서의 사본을 교부하고 집행을 위탁할 수 있으나(동법 제9조 제1항, 제2항), 그 경우에도 집행의 위탁을 받은 통신기관 등은 수사기관이 직접 집행할 경우와 마찬가지로 허가서에 기재된 집행방법 등을 준수하여야 함은 당연하다. 따라서 허가된 통신제한조치의 종류가 전기통신의 '감청'인 경우, 수사기관 또는 수사기관으로부터 통신제한조치의 집행을 위탁받은 통신기관 등은 **통신비밀보호법이 정한 감청의 방식으로 집행하여야 하고 그와 다른 방식으로 집행하여서는 아니 된다.** 한편 **수사기관이 통신기관 등에 통신제한조치의 집행을 위탁하는 경우에는 집행에 필요한 설비를 제공**하여야 한다(통신비밀보호법 시행령 제21조 제3항). 그러므로 수사기관으로부터 통신제한조치의 집행을 위탁받은 통신기관 등이 집행에 필요한 설비가 없을 때에는 수사기관에 설비의 제공을 요청하여야 하고, 그러한 요청 없이 통신제한조치허가서에 기재된 사항을 준수하지 아니한 채 통신제한조치를 집행하였다면, 그러한 집행으로 취득한 전기통신의 내용 등은 헌법과 통신비밀보호법이 국민의 기본권인 통신의 비밀을 보장하기 위해 마련한 적법한 절차를 따르지 아니하고 수집한 증거에 해당하므로(형사소송법 제308조의2), 이는 유죄 인정의 증거로 할 수 없다(대법원 2016.10.13, 2016도8137).

●●○
## 013 통신사실확인자료의 사용의 한계

판례 통신비밀보호법은 통신제한조치의 집행으로 인하여 취득된 전기통신의 내용은 통신제한조치의 목적이 된 범죄나 이와 관련되는 범죄를 수사 · 소추하거나 그 범죄를 예방하기 위한 경우 등에 한정하여 사용할 수 있도록 규정하고(제12조 제1호), 통신사실확인자료의 사용제한에 관하여 이 규정을 준용하도록 하고 있다(제13조의5). 따라서 **통신사실확인자료 제공요청에 의하여 취득한 통화내역 등 통신사실확인자료를 범죄의 수사 · 소추를 위하여 사용하는 경우 그 대상범죄는 통신사실확인자료 제공요청의 목적이 된 범죄 및 이와 관련된 범죄에 한정되어야** 한다(대법원 2014.10.27, 2014도2121 참조). 여기서 통신사실확인자료제공 요청의 목적이 된 범죄와 관련된 범죄라 함은 **통신사실확인자료제공 요청허가서에 기재한 혐의사실과 객관적 관련성이 있고 자료제공 요청대상자와 피의자 사이에 인적 관련성이 있는 범죄를 의미한다**고 할 것이다. 그 중 혐의사실과의 객관적 관련성은, 통신사실확인자료제공 요청허가서에 **기재된 혐의사실 자체 또는 그와 기본적 사실관계가 동일한 범행과 직접 관련되어 있는 경우는 물론 범행 동기와 경위, 범행 수단 및 방법, 범행 시간과 장소 등을 증명하기 위한 간접증거나 정황증거 등으로 사용될 수 있는 경우에도 인정될 수 있다.** 다만 통신비밀보호법이 위와 같이 통신사실확인자료의 사용 범위를 제한하고 있는 것은 특정한 혐의사실을 전제로 제공된 통신사실확인자료가 별건의 범죄사실을 수사하거나 소추하는 데 이용되는 것을 방지함으로써 통신의 비밀과 자유에 대한 제한을 최소화하는 데 입법 취지가 있다고 할 것이다. 따라서 그 관련성은 통신사실확인자료제공 요청허가서에 기재된 혐의사실의 내용과 당해 수사의 대상 및 수사 경위 등을 종합하여 **구체적 · 개별적 연관관계가 있는 경우에만 인정된다고 보아야 하고, 혐의사실과 단순히 동종 또는 유사 범행이라는 사유만으로 관련성이 있다고 할 것은 아니다.** 그리고 피의자와 사이의 인적 관련성은 통신사실 확인자료제공요청 허가서에 기재된 **대상자의 공동정범이나 교사범 등 공범이나 간접정범은 물론 필요적 공범 등에 대한 피고사건에 대해서도 인정될 수 있다**(대법원 2017.1.25, 2016도13489).

**통신비밀보호법 개정사항 - 2019.12.31. 일부개정·시행**

**[개정이유]**

헌법재판소는 전기통신에 관한 통신제한조치 기간의 연장과 관련하여 **총 연장기간 등을 정하지 아니하고 제한 없이 기간을 연장할 수 있도록 한 규정 등에 대하여 헌법불합치 결정**을 내린 바 있다(헌법재판소 2010.12.28, 2009헌가30), 이에 2019.12.31. 개정 통신비밀보호법에서는 통신제한조치 기간을 연장하는 경우 **총 연장기간을 1년 이내**로 하도록 하고, 예외적으로 내란죄·외환죄 등 국가안보와 관련된 범죄 등에 대해서는 통신제한조치의 총 연장기간을 3년 이내로 하였다(제6조 제8항 신설).

**[개정내용]**

제6조 제8항을 제9항으로 하고, 같은 조에 제8항을 다음과 같이 신설하며, 같은 조 제9항(종전의 제8항)을 다음과 같이 한다.

⑧ 검사 또는 사법경찰관이 제7항 단서에 따라 통신제한조치의 연장을 청구하는 경우에 통신제한조치의 **총 연장기간은 1년을 초과할 수 없다.** 다만, 다음 각 호의 어느 하나에 해당하는 범죄의 경우에는 통신제한조치의 총 연장기간이 3년을 초과할 수 없다.

1. 「형법」 제2편 중 제1장 내란의 죄, 제2장 외환의 죄 중 제92조부터 제101조까지의 죄, 제4장 국교에 관한 죄 중 제107조, 제108조, 제111조부터 제113조까지의 죄, 제5장 공안을 해하는 죄 중 제114조, 제115조의 죄 및 제6장 폭발물에 관한 죄
2. 「군형법」 제2편 중 제1장 반란의 죄, 제2장 이적의 죄, 제11장 군용물에 관한 죄 및 제12장 위령의 죄 중 제78조·제80조·제81조의 죄
3. 「국가보안법」에 규정된 죄
4. 「군사기밀보호법」에 규정된 죄
5. 「군사기지 및 군사시설보호법」에 규정된 죄

⑨ 법원은 제1항·제2항 및 제7항 단서에 따른 청구가 이유 없다고 인정하는 경우에는 청구를 기각하고 이를 청구인에게 통지한다.

보충 2019.12.31. 이외 개정사항

수사기관이 수사 목적으로 위치정보 추적자료를 특별한 제한 없이 광범위하게 요청할 수 있도록 한 규정과 기지국에 대한 통신사실 확인자료를 수사의 필요성 요건만으로 요청할 수 있도록 한 규정, 전기통신가입자의 위치정보 추적자료를 제공받은 후 기소중지 결정 등이 있을 때에는 정보통신가입자에게 해당 사실을 통지하도록 하지 아니한 규정 등에 대하여 각각 헌법불합치 결정을 한 바 있어, 이에 따라 법률의 위헌적 요소를 제거하여 범죄수사라는 공익과 정보주체의 기본권 보호라는 사익이 조화를 이룰 수 있도록 하는 한편, OECD 권고에 따라 「국제상거래에 있어서 외국공무원에 대한 뇌물방지법」에 규정된 범죄 중 제3조 및 제4조의 죄에 대하여도 통신제한조치를 허가할 수 있도록 근거를 마련하는 등 현행 제도의 운영상 나타난 일부 미비점을 개선·보완하려는 것임

[주요내용]

- 「국제상거래에 있어서 외국공무원에 대한 뇌물방지법」에 규정된 범죄 중 제3조 및 제4조의 죄에 대하여도 통신제한조치를 허가할 수 있도록 함(제5조 제1항 제12호 신설).
- 검사나 사법경찰관은 다른 방법으로는 범죄실행을 저지하기 어렵거나 범인의 발견·확보 또는 증거의 수집·보전이 어렵다는 등의 보충적인 요건(보충성 요건)을 갖춘 경우에만 실시간 위치정보 추적자료 요청 및 특정한 기지국에 대하여 통신사실 확인자료제공을 요청할 수 있도록 하여 실시간 위치정보 추적자료 및 기지국에 대한 통신사실 확인자료제공과 관련한 국민의 권리보호를 명확히 함(제13조 제2항 신설).
- 통신사실 확인자료제공을 받은 검사 또는 사법경찰관은 기소중지결정이나 참고인중지결정의 처분을 한 날부터 1년(국가안보 관련 범죄 등의 수사 등을 목적으로 하는 경우에는 3년)이 경과한 때 또는 수사가 진행 중인 경우 통신사실 확인자료제공을 받은 날부터 1년(국가안보 관련 범죄 등의 수사 등을 목적으로 하는 경우에는 3년)이 경과한 때에는 그 기간이 경과한 날부터 30일 이내에 통신사실 확인자료제공을 받은 사실, 제공요청기관 및 그 기간 등을 정보주체인 전기통신가입자에게 서면으로 통지하도록 하여 국민의 절차적 권리와 개인정보자기결정권 보장을 강화함(제13조의3 제1항).
- 검사 또는 사법경찰관은 국가안전보장, 사건관계인의 생명·신체의 안전, 공정한 사법절차의 진행, 사건관계인의 명예·사생활 등을 해칠 우려가 있는 경우 등의 사유가 있으면 관할 지방검찰청 검사장의 승인을 받아 통신사실 확인자료제공 관련 통지를 유예할 수 있도록 하고, 그 사유가 해소된 때에는 그 날부터 30일 이내에 정보주체에게 통신사실 확인자료제공 관련 통지를 하도록 함(제13조의3 제2항부터 제4항까지 신설).

– 통신사실 확인자료제공 사실을 통지받은 당사자는 그 통신사실 확인자료제공 요청 사유를 알려주도록 수사기관에 신청할 수 있게 하고, 수사기관은 국가안전보장을 해칠 우려가 있는 등의 사유가 있는 경우 외에는 30일 이내에 그 사유를 통지하도록 하여 국민의 절차적 권리와 개인정보자기결정권보장을 강화함(제13조의3 제5항 및 제6항 신설).

●○○

## 014 대화에 원래부터 참여하지 않는 제3자가 일반 공중이 알 수 있도록 공개되지 아니한 타인 간의 발언을 녹음하거나 전자장치 또는 기계적 수단을 이용하여 청취하는 행위 • 검찰7급 17

대화에 원래부터 참여하지 않는 제3자가 일반 공중이 알 수 있도록 공개되지 아니한 타인 간의 발언을 녹음하거나 전자장치 또는 기계적 수단을 이용하여 청취하는 행위는 구 통신비밀보호법 제3조 제1항에 위반되는가?

(판례) [1] 구 통신비밀보호법(2014.1.14. 법률 제12229호로 개정되기 전의 것, 이하 같다)은 제3조 제1항에서 누구든지 이 법과 형사소송법 또는 군사법원법의 규정에 의하지 아니하고는 공개되지 아니한 타인 간의 대화를 녹음 또는 청취하지 못하도록 규정하고, 제14조 제1항에서 위와 같이 금지하는 청취행위를 전자장치 또는 기계적 수단을 이용한 경우로 제한하는 한편, 제16조 제1항에서 위 제3조의 규정에 위반하여 공개되지 아니한 타인간의 대화를 녹음 또는 청취한 자(제1호)와 제1호에 의하여 지득한 대화의 내용을 공개하거나 누설한 자(제2호)를 처벌하고 있다. 위와 같은 구 통신비밀보호법의 내용 및 형식, 구 통신비밀보호법이 공개되지 아니한 타인간의 대화에 관한 녹음 또는 청취에 대하여 제3조 제1항에서 일반적으로 이를 금지하고 있음에도 제14조 제1항에서 구체화하여 금지되는 행위를 제한하고 있는 입법 취지와 체계 등에 비추어 보면, **구 통신비밀보호법 제14조 제1항의 금지를 위반하는 행위는, 구 통신비밀보호법과 형사소송법 또는 군사법원법의 규정에 의한 것이라는 등의 특별한 사정이 없는 한, 같은 법 제3조 제1항 위반행위에 해당하여 같은 법 제16조 제1항 제1호의 처벌대상이 된다.**
[2] 구 통신비밀보호법(2014.1.14. 법률 제12229호로 개정되기 전의 것) 제3조 제1항이 공개되지 아니한 타인간의 대화를 녹음 또는 청취하지 못하도록 한 것은, 대화에 원래부터 참여하지 않는 제3자가 그 대화를 하는 타인간의 발언을 녹음 또는 청취해서는 아니 된다는 취지이다. 따라서 **대화에 원래부터 참여하지 않는 제3자가 일반 공중이 알 수 있도록 공개되지 아니한 타인간의 발언을 녹음하거나 전자장치 또는 기계적 수단을 이용하여 청취하는 것은 특별한 사정이 없는 한 같은 법 제3조 제1항에 위반된다**(대법원 2016.5.12, 2013도15616).

solution 위반된다.

보충 피고인 甲은 ○○○신문사 빌딩에서 휴대폰의 녹음기능을 작동시킨 상태로 A 재단법인의 이사장실에서 집무 중이던 A법인 이사장인 B의 휴대폰으로 전화를 걸어 B와 약 8분간의 전화통화를 마친 후 상대방에 대한 예우 차원에서 바로 전화통화를 끊지 않고 B가 전화를 먼저 끊기를 기다리던 중, 평소 친분이 있는 △△방송 기획홍보본부장 C가 B와 인사를 나누면서 △△방송 전략기획부장 D를 소개하는 목소리가 피고인의 휴대폰을 통해 들려오고, 때마침 B가 실수로 휴대폰의 통화종료 버튼을 누르지 아니한 채 이를 이사장실 내의 탁자 위에 놓아두자, B의 휴대폰과 통화연결상태에 있는 자신의 휴대폰 수신 및 녹음기능을 이용하여 이 사건 대화를 몰래 청취하면서 녹음한 사실을 인정한 다음, 피고인 甲은 이 사건 대화에 원래부터 참여하지 아니한 제3자이므로, **통화연결상태에 있는 휴대폰을 이용하여 이 사건 대화를 청취·녹음하는 행위**는 작위에 의한 구 통신비밀보호법 제3조의 위반행위로서 같은 법 제16조 제1항 제1호에 의하여 처벌된다고 한 사안이다.

## 015 인터넷개인방송을 비정상적인 방법으로 시청 · 녹화한 사건

비밀번호를 설정하여 인터넷개인방송을 진행하던 乙은 甲이 불상의 방법으로 방송에 접속하거나 시청하고 있다는 사정을 알면서도 방송을 중단하거나 甲을 배제하는 조치를 취하지 아니하고 오히려 甲의 시청사실을 전제로 甲을 상대로 한 발언을 하기도 하는 등 계속 방송을 진행하였다. 그런데 甲은 위 방송을 시청하면서 음향 · 영상 등을 청취하거나 녹음하였다. 甲의 행위는 통신비밀보호법에 위반되는 감청행위에 해당하는가?

(판례) 방송자가 인터넷을 도관 삼아 인터넷서비스제공업체 또는 온라인서비스제공자인 인터넷개인방송 플랫폼업체의 서버를 이용하여 실시간 또는 녹화된 형태로 음성, 영상물을 방송함으로써 불특정 혹은 다수인이 이를 수신·시청할 수 있게 하는 인터넷개인 방송은 그 성격이나 통신비밀보호법의 위와 같은 규정에 비추어 전기통신에 해당함은 명백하다. ① 인터넷개인방송의 방송자가 비밀번호를 설정하는 등 그 수신 범위를 한정하는 비공개 조치를 취하지 않고 방송을 송출하는 경우, 누구든지 시청하는 것을 포괄적으로 허용하는 의사라고 볼 수 있으므로, 그 시청자는 인터넷개인방송의 당사자인 수신인에 해당하고, 이러한 시청자가 방송 내용을 지득·채록하는 것은 통신비밀보호법에서 정한 감청에 해당하지 않는다. 그러나 ② 인터넷개인방송의 방송자가 **비밀번호를 설정하는 등으로 비공개 조치를 취한 후 방송을 송출하**는 경우에는, 방송자로부터 허가를 받지 못한 사람은 당해 인터넷개인방송의 당사자가 아닌 '제3자'에 해당하고, 이러한 제3자가 비공개 조치가 된 인터넷개인방송을 비정상적인 방법으로 시청·녹화하는 것은 통신비밀보호법상의 감청에 해당할 수 있다. 다만, ③ **방송자가 이와 같은 제3자의 시청 · 녹화 사실을 알거나 알 수 있었음에도 방송을 중단하거나 그 제3자를 배제하지 않은 채 방송을 계속 진행**하는 등 허가받지 아니한 제3자의 시청·녹화를 **사실상 승낙 · 용인**한 것으로 볼 수 있는 경우에는 불특정인 혹은 다수인을 직·간접적인 대상으로 하는 인터넷개인방송의 일반적 특성상 **그 제3자 역시 인터넷개인방송의 당사자**에 포함될 수 있으므로, 이러한 **제3자가 방송 내용을 지득 · 채록하는 것은 통신비밀보호법에서 정한 감청에 해당하지 않는다**(대법원 2022.10.27, 2022도9877).

solution 해당하지 않는다.

## 016 '악', '우당탕' 사건

• 국가9급 21, 국가9급개론 21

다음은 대법원 2017.3.15, 2016도19843 판례를 문제로 만든 것이다. 잘 읽고 물음에 답하시오.

[제1문] 통신비밀보호법에서 보호하는 타인 간의 '대화'에 사물에서 발생하는 음향이 포함되는가?

[제2문] 사람의 목소리라고 하더라도 상대방에게 의사를 전달하는 말이 아닌 비명소리나 탄식 등이 타인 간의 '대화'에 원칙적으로 해당하는가?

[제3문] 타인 간의 '대화'에 해당하지 않는 사람의 목소리를 녹음하거나 청취하여 형사절차에서 증거로 사용할 수 있는가와 관련하여, 진실발견이라는 공익이 개인의 인격적 이익 등 보호이익보다 우월하다면 위와 같은 목소리를 들었다는 진술은 형사절차에서 증거로 사용할 수 있는가?

[제1문]

(판례) 통신비밀보호법 제1조, 제3조 제1항 본문, 제4조, 제14조 제1항, 제2항의 문언, 내용, 체계와 입법 취지 등에 비추어 보면, 통신비밀보호법에서 보호하는 타인 간의 '대화'는 원칙적으로 현장에 있는 당사자들이 육성으로 말을 주고받는 의사소통행위를 가리킨다. 따라서 **사람의 육성이 아닌 사물에서 발생하는 음향은 타인 간의 '대화'에 해당하지 않는다.**

solution 포함되지 않는다.

[제2문]

(판례) **또한 사람의 목소리라고 하더라도 상대방에게 의사를 전달하는 말이 아닌 단순한 비명소리나 탄식 등은 타인과 의사소통을 하기 위한 것이 아니라면 특별한 사정이 없는 한 타인 간의 '대화'에 해당한다고 볼 수 없다.**

solution 원칙적으로 해당하지 않는다.

보충 공소외인이 피해자와 통화를 마친 후 전화가 끊기지 않은 상태에서 휴대전화를 통하여 들은 '악' 하는 소리와 '우당탕' 소리가 통신비밀보호법 제14조 제1항에서 말하는 '공개되지 아니한 타인 간의 대화'에 해당하지 않는다고 본 판례이다.

[제3문]

(판례) 한편 국민의 인간으로서의 존엄과 가치를 보장하는 것은 국가기관의 기본적인 의무에 속하고 이는 형사절차에서도 구현되어야 한다. **위와 같은 소리가 비록 통신비밀보호법에서 말하는 타인 간의 '대화'에는 해당하지 않더라도, 형사절차에서 그러한 증거를 사용할 수 있는지는 개별적인 사안에서 효과적인 형사소추와 형사절차상 진실발견이라는 공익과 개인의 인격적 이익 등의 보호이익을 비교형량하여 결정하여야 한다**(대법원 2013.11.28, 2010도12244 등). 대화에 속하지 않는 사람의 목소리를 녹음하거나 청취하는 행위가 개인의 사생활의 비밀과 자유 또는 인격권을 중대하게 침해하여 사회통념상 허용되는 한도를 벗어난 것이라면, 단지 형사소추에 필요한 증거라는 사정만을 들어 곧바로 형사소송에서 진실발견이라는 공익이 개인의 인격적 이익 등 보호이익보다 우월한 것으로 섣불리 단정해서는 안 된다. 그러나 **그러한 한도를 벗어난 것이 아니라면 위와 같은 목소리를 들었다는 진술을 형사절차에서 증거로 사용할 수 있다.**

solution 증거로 사용할 수 있다.

보충 공소외인은 평소 친분이 있던 피해자와 휴대전화로 통화를 마친 후 전화가 끊기지 않은 상태에서 1~2분간 위와 같은 소리를 들었다고 진술하였음을 알 수 있고, 통화를 마칠 무렵 몸싸움을 연상시키는 소리가 들려 전화를 끊지 않았던 것으로 보인다. 공소외인이 들었다는 '우당탕' 소리는 사물에서 발생하는 음향일 뿐 사람의 목소리가 아니므로 통신비밀보호법에서 말하는 타인 간의 '대화'에 해당하지 않는다. '악' 소리도 사람의 목소리이기는 하나 단순한 비명소리에 지나지 않아 그것만으로 상대방에게 의사를 전달하는 말이라고 보기는 어려워 특별한 사정이 없는 한 타인 간의 '대화'에 해당한다고 볼 수 없다. …(따라서) 통신비밀보호법에서 보호하는 타인 간의 '대화'에 준하는 것으로 보아 증거능력을 부정할 만한 특별한 사정이 있다고 보기도 어렵다. 그리고 공소외인의 청취행위가 피해자 등의 사생활의 영역에 관계된 것이라 하더라도, 위와 같은 청취 내용과 시간, 경위 등에 비추어 개인의 인격적 이익 등을 형사절차상의 공익과 비교형량하여 보면, 공소외인의 위 진술을 상해 부분에 관한 증거로 사용하는 것이 피해자 등의 사생활의 비밀과 자유 또는 인격권을 위법하게 침해한다고 볼 수 없어 그 증거의 제출은 허용된다고 판단된다. (… 피고인의 나머지 상고이유 주장은, 피고인이 피해자에게 상해를 입히거나 협박하지 않았는데도 원심이 잘못된 사실인정을 하여 이 사건 공소사실을 모두 유죄로 인정하였으니, 원심판결이 위법하다는 것이다. … 위 각 공소사실을 유죄로 인정한 원심의 판단에 상고이유 주장과 같이 논리와 경험의 법칙에 반하여 자유심증주의의 한계를 벗어나거나 상해, 협박에 관한 법리를 오해한 잘못이 없다.)

## 017 후방착석요구행위와 변호인 피의자신문참여권 침해

• 경찰1차 20, 경찰2차 18, 경찰간부 20

검찰수사관인 A는 피의자신문에 참여한 변호인 甲에게 피의자 후방에 앉으라고 요구하였다. 이는 변호인의 변호권을 침해하는가?

(판례) **변호인이 피의자신문에 자유롭게 참여할 수 있는 권리는 피의자가 가지는 변호인의 조력을 받을 권리를 실현하는 수단이므로 헌법상 기본권인 변호인의 변호권으로서 보호되어야 한다.** 피의자신문에 참여한 변호인이 피의자 옆에 앉는다고 하여 피의자 뒤에 앉는 경우보다 수사를 방해할 가능성이 높아진다거나 수사기밀을 유출할 가능성이 높아진다고 볼 수 없으므로, 이 사건 후방착석요구행위의 목적의 정당성과 수단의 적절성을 인정할 수 없다. 이 사건 후방착석요구행위로 인하여 위축된 피의자가 변호인에게 적극적으로 조언과 상담을 요청할 것을 기대하기 어렵고, 변호인이 피의자의 뒤에 앉게 되면 피의자의 상태를 즉각적으로 파악하거나 수사기관이 피의자에게 제시한 서류 등의 내용을 정확하게 파악하기 어려우므로, 이 사건 후방착석요구행위는 변호인인 청구인의 피의자신문참여권을 과도하게 제한한다. 그런데 이 사건에서 변호인의 수사방해나 수사기밀의 유출에 대한 우려가 없고, 조사실의 장소적 제약 등과 같이 이 사건 후방착석요구행위를 정당화할 그 외의 특별한 사정도 없으므로, 이 사건 후방착석요구행위는 침해의 최소성 요건을 충족하지 못한다. 이 사건 후방착석요구행위로 얻어질 공익보다는 변호인의 피의자신문참여권 제한에 따른 불이익의 정도가 크므로, 법익의 균형성 요건도 충족하지 못한다. 따라서 **이 사건 후방착석요구행위는 변호인인 청구인의 변호권을 침해한다**(헌법재판소 2017.11.30, 2016헌마503).

(유사판례) 수사관이 피의자신문을 하면서 정당한 사유가 없는데도 변호인에 대하여 피의자로부터 떨어진 곳으로 옮겨 앉으라고 지시한 다음 이에 따르지 않았다는 이유로 변호인에게 퇴실을 명한 행위는 변호인의 피의자신문 참여권을 침해한 것이다(대법원 2008.9.12, 2008모793).

보충 [위 헌법재판소 결정의 의의] 피의자 옆에 앉으려는 변호인에게 후방에 앉으라고 요구한 행위는 (위 대법원판례와 달리, 퇴실명령에 이르지 않았더라도) 그 자체로 위헌이다.

solution 침해한다.

## 018 변호인이 조력할 권리(변호권)도 헌법상 기본권이라는 헌법재판소 결정

• 경찰2차 20, 경찰승진 20

(판례) 헌법 제12조 제4항 및 제12조 제5항 제1문은 형사절차에서 체포·구속된 사람이 가지는 변호인의 조력을 받을 권리를 헌법상 기본권으로 명시하고 있다. 나아가 헌법재판소는 체포·구속된 사람뿐만 아니라 불구속 피의자 및 피고인의 경우에도 헌법상 법치국가원리, 적법절차원칙에 의하여 변호인의 조력을 받을 권리가 당연히 인정된다고 판시하였다(헌법재판소 2004.9.23, 2000헌마138 참조). 피의자 및 피고인이 가지는 변호인의 조력을 받을 권리가 실질적으로 확보되기 위해서는, **피의자 및 피고인에 대한 변호인의 조력할 권리의 핵심적인 부분(이하 '변호인의 변호권'이라 한다)은 헌법상 기본권**으로서 보호되어야 한다(헌법재판소 2003.3.27. 2000헌마474 참조). 헌법상 기본권으로 인정되는 피의자 및 피고인이 가지는 변호인의 조력을 받을 권리에서 '변호인의 조력'이란 변호인의 충분한 조력을 의미한다(헌법재판소 1992.1.28, 91헌마111; 헌법재판소 1997.11.27, 94헌마60 참조). 피의자신문의 결과는 수사의 방향을 결정하고, 피의자의 기소 및 유죄 입증에 중요한 증거자료로 사용될 수 있으므로, 형사절차에서 매우 중요한 의미를 가진다. 변호인이 피의자신문에 자유롭게 참여할 수 없다면, 변호인은 피의자가 조언과 상담을 요청할 때 이를 시의적절하게 제공할 수 없고, 나아가 스스로의 판단에 따라 의견을 진술하거나 수사기관의 부당한 신문방법 등에 대하여 이의를 제기할 수 없게 된다. 그 결과 피의자는 형사절차에서 매우 중요한 의미를 가지는 피의자

신문의 시기에 변호인으로부터 충분한 조력을 받을 수 없게 되어 피의자가 가지는 변호인의 조력을 받을 권리가 형해화될 수 있다. 따라서 **변호인이 피의자신문에 자유롭게 참여할 수 있는 권리는** 피의자가 가지는 변호인의 조력을 받을 권리를 실현하는 수단이라고 할 수 있으므로 **헌법상 기본권인 변호인의 변호권으로서 보호되어야 한다**(헌법재판소 2017.11.30, 2016헌마503).

## 019 피의자신문 시 보호장비 해제 요구 및 부당한 신문방법에 대한 이의제기 등의 처리

• 국가7급 21, 변호사시험 21

[제1문] 검사 또는 사법경찰관이 구금된 피의자를 신문할 때 피의자 또는 변호인으로부터 보호장비를 해제해 달라는 요구를 받고도 거부한 조치는 형사소송법 제417조에서 정한 '구금에 관한 처분'에 해당하는가?
[제2문] 검사 또는 사법경찰관이 단지 변호인이 피의자신문 중에 부당한 신문방법에 대한 이의제기를 하였다는 이유만으로 변호인을 조사실에서 퇴거시키는 조치는 정당한 사유 없이 변호인의 피의자신문 참여권을 제한하는 것인가?

[제1문]

판례 형사소송법 제417조는 검사 또는 사법경찰관의 '구금에 관한 처분'에 불복이 있으면 법원에 그 처분의 취소 또는 변경을 청구할 수 있다고 규정하고 있다. 검사 또는 사법경찰관이 보호장비 사용을 정당화할 예외적 사정이 존재하지 않음에도 구금된 피의자에 대한 교도관의 보호장비 사용을 용인한 채 그 해제를 요청하지 않는 경우에, 검사 및 사법경찰관의 이러한 조치를 형사소송법 제417조에서 정한 '구금에 관한 처분'으로 보지 않는다면 구금된 피의자로서는 이에 대하여 불복하여 침해된 권리를 구제받을 방법이 없게 된다. 따라서 **검사 또는 사법경찰관이 구금된 피의자를 신문할 때 피의자 또는 변호인으로부터 보호장비를 해제해 달라는 요구를 받고도 거부한 조치는 형사소송법 제417조에서 정한 '구금에 관한 처분'에 해당한다**고 보아야 한다(대법원 2020.3.17, 2015모2357).

solution 해당한다.

[제2문]

판례 형사소송법 제243조의2 제1항은 검사 또는 사법경찰관은 피의자 또는 변호인 등이 신청할 경우 정당한 사유가 없는 한 변호인을 피의자신문에 참여하게 하여야 한다고 규정하고 있다. 여기에서 '정당한 사유'란 변호인이 피의자신문을 방해하거나 수사기밀을 누설할 염려가 있음이 객관적으로 명백한 경우 등을 말한다. 형사소송법 제243조의2 제3항 단서는 피의자신문에 참여한 변호인은 신문 중이라도 부당한 신문방법에 대하여 이의를 제기할 수 있다고 규정하고 있으므로, **검사 또는 사법경찰관의 부당한 신문방법에 대한 이의제기는 고성, 폭언 등 그 방식이 부적절하거나 또는 합리적 근거 없이 반복적으로 이루어지는 등의 특별한 사정이 없는 한, 원칙적으로 변호인에게 인정된 권리의 행사에 해당하며, 신문을 방해하는 행위로는 볼 수 없다.** 따라서 **검사 또는 사법경찰관이 그러한 특별한 사정 없이, 단지 변호인이 피의자신문 중에 부당한 신문방법에 대한 이의제기를 하였다는 이유만으로 변호인을 조사실에서 퇴거시키는 조치는 정당한 사유 없이 변호인의 피의자신문 참여권을 제한하는 것으로서 허용될 수 없다**(대법원 2020.3.17, 2015모2357).

보충 검사가 조사실에서 피의자를 신문할 때 도주, 자해, 다른 사람에 대한 위해 등 형의 집행 및 수용자의 처우에 관한 법률 제97조 제1항 각호에 규정된 위험이 분명하고 구체적으로 드러나는 경우에만 예외적으로 보호장비를 사용하여야 하고, 검사가 조사실에서 피의자를 신문할 때 피의자에게 위와 같은 특별한 사정이 없는 이상 교도관에게 보호장비의 해제를 요청할 의무가 있고, 교도관은 이에 응하여야 한다.

solution 제한하는 것이다.

CHAPTER 02

# 강제처분과 강제수사

## 1 체포와 구속

●●○

### 020 사법경찰관 등이 체포영장을 소지하고 피의자를 체포하는 경우, 체포영장의 제시나 고지 등을 하여야 하는 시기

• 경찰2차 18·21, 경찰승진 20, 변호사시험 21

경찰관들이 체포영장을 소지하고 메트암페타민(일명 필로폰) 투약 등 혐의로 피고인을 체포하려고 하자, 피고인이 이에 거세게 저항하는 과정에서 경찰관들에게 상해를 가하였다고 하여 공무집행방해 및 상해의 공소사실로 기소된 경우, 경찰관들이 체포를 위한 실력행사에 나아가기 전에 체포영장을 제시하고 미란다 원칙을 고지할 여유가 있었음에도 애초부터 미란다 원칙을 체포 후에 고지할 생각으로 먼저 체포행위에 나선 행위는 적법한 공무집행에 해당하는가?

판례 사법경찰관 등이 체포영장을 소지하고 피의자를 체포하기 위해서는 체포영장을 피의자에게 제시하고(형사소송법 제200조의6, 제85조 제1항), 피의사실의 요지, 체포의 이유와 변호인을 선임할 수 있음을 말하고 변명할 기회를 주어야 한다(형사소송법 제200조의5). 이와 같은 **체포영장의 제시나 고지 등은 체포를 위한 실력행사에 들어가기 이전에 미리 하여야 하는 것이 원칙**이다. 그러나 달아나는 피의자를 쫓아가 붙들거나 폭력으로 대항하는 피의자를 실력으로 제압하는 경우에는 붙들거나 제압하는 과정에서 하거나, 그것이 여의치 않은 경우에는 일단 붙들거나 제압한 후에 지체 없이 하여야 한다. …… **피고인이 경찰관들과 마주하자마자 도망가려는 태도를 보이거나 먼저 폭력을 행사하며 대항한 바 없는 등** 경찰관들이 체포를 위한 실력행사에 나아가기 전에 체포영장을 제시하고 미란다 원칙을 고지할 여유가 있었음에도 **애초부터 미란다 원칙을 체포 후에 고지할 생각으로 먼저 체포행위에 나선 행위는 적법한 공무집행이라고 보기 어렵다**(공소사실은 무죄)(대법원 2017.9.21, 2017도10866).

solution 적법한 공무집행에 해당하지 않는다.

●●●

### 021 체포절차의 적법 여부가 문제된 사건

긴급을 요하여 체포영장을 제시하지 않은 채 체포영장에 기한 체포 절차에 착수하였으나, 이에 피고인이 저항하면서 경찰관을 폭행하는 등 행위를 하여 특수공무집행방해의 현행범으로 체포한 후 체포영장을 별도로 제시하지 않은 것이 적법한가?

(판례) 원심은 ① 피고인에 대해 성폭력처벌법 위반(비밀준수 등) 범행으로 체포영장이 발부되어 있었던 사실, ② '피고인의 차량이 30분 정도 따라온다'는 내용의 112신고를 받고 현장에 출동한 경찰관들이 승용차에 타고 있던 피고인의 주민등록번호를 조회하여 피고인에 대한 체포영장이 발부된 것을 확인한 사실, ③ 경찰관들이 피고인에게 '성폭력처벌법위반으로 수배가 되어 있는바, 변호인을 선임할 수 있고 묵비권을 행사할 수 있으며, 체포적부심을 청구할 수 있고 변명의 기회가 있다'고 고지하며 하차를 요구한 사실을 인정한 후, 이 사건 당시 경찰관들이 체포영장을 소지할 여유 없이 우연히 그 상대방을 만난 경우로서 체포영장의 제시 없이 체포영장을 집행할 수 있는 '급속을 요하는 때'에 해당하므로, 경찰관들이 체포영장의 제시 없이 피고인을 체포하려고 시도한 행위는 적법한 공무집행이라고 판단하였다.
나아가 원심은, 위와 같이 경찰관들이 체포영장을 근거로 체포절차에 착수하였으나 피고인이 흥분하며 타고 있던 승용차를 출발시켜 경찰관들에게 상해를 입히는 범죄를 추가로 저지르자, 경찰관들이 위 승용차를 멈춘 후 저항하는 피고인을 별도 범죄인 특수공무집행방해치상의 현행범으로 체포한 사실을 인정한 후, 이와 같이 **경찰관이 체포영장에 기재된 범죄사실이 아닌 새로운 피의사실인 특수공무집행방해치상을 이유로 피고인을 현행범으로 체포하였고, 현행범 체포에 관한 제반 절차도 준수하였던 이상 피고인에 대한 체포 및 그 이후 절차에 위법이 없다**고 판단한 후, 이 사건 공소사실을 유죄로 판단한 제1심판결을 그대로 유지하였다.
원심이 든 위 사정들과 함께 이 사건 당시 **체포영장에 의한 체포절차가 착수된 단계에 불과하였고, 피고인에 대한 체포가 체포영장과 관련 없는 새로운 피의사실인 특수공무집행방해치상을 이유로 별도의 현행범 체포 절차에 따라 진행된 이상, 집행 완료에 이르지 못한 체포영장을 사후에 피고인에게 제시할 필요는 없는 점**까지 더하여 보면, 피고인에 대한 체포절차가 적법하다는 원심의 판단이 타당하다(대법원 2021.6.24, 2021도4648).

solution 적법하다.

## 022 긴급체포의 긴급성 구비 여부

• 경찰승진 20, 국가7급 20

피고인 乙이 필로폰을 투약한다는 제보를 받은 경찰관 甲은, 제보의 정확성을 사전에 확인한 후에 제보자를 불러 조사하기 위하여 피고인의 주거지를 방문하였다가, 그곳에서 피고인 乙을 발견하고 피고인의 전화번호로 전화를 하여 나오라고 하였으나 응하지 않자 피고인의 집 문을 강제로 열고 들어가 피고인을 긴급체포하였다. 甲의 긴급체포는 적법한가, 위법한가?

(판례) 피고인이 필로폰을 투약한다는 제보를 받은 경찰관이 제보된 주거지에 피고인이 살고 있는지 등 제보의 정확성을 사전에 확인한 후에 제보자를 불러 조사하기 위하여 피고인의 주거지를 방문하였다가, 현관에서 담배를 피우고 있는 피고인을 발견하고 사진을 찍어 제보자에게 전송하여 사진에 있는 사람이 제보한 대상자가 맞다는 확인을 한 후, 가지고 있던 피고인의 전화번호로 전화를 하여 차량 접촉사고가 났으니 나오라고 하였으나 나오지 않고, 또한 경찰관임을 밝히고 만나자고 하는데도 현재 집에 있지 않다는 취지로 거짓말을 하자 피고인의 집 문을 강제로 열고 들어가 피고인을 긴급체포한 경우, 피고인이 마약에 관한 죄를 범하였다고 의심할 만한 상당한 이유가 있었더라도, **경찰관이 이미 피고인의 신원과 주거지 및 전화번호 등을 모두 파악하고 있었고, 당시 마약 투약의 범죄 증거가 급속하게 소멸될 상황도 아니었던 점 등의 사정을 감안하면, 긴급체포가 미리 체포영장을 받을 시간적 여유가 없었던 경우에 해당하지 않아** 경찰관의 긴급체포를 위법하다고 본 원심판단은 정당하다(대법원 2016.10.13, 2016도5814).

solution 위법하다.

●●○

## 023 사법경찰리가 현행범인 체포된 피의자에 대하여 구속영장 발부일로부터 만 3일이 경과하여 구속영장 원본 제시에 의한 구속영장을 집행한 사건

피의자에 대한 구속영장의 제시와 집행이 그 발부시로부터 정당한 사유 없이 지체되어 이루어진 경우, 구속영장의 유효기간 내에 집행되었더라도 구속영장을 지체 없이 집행하지 않은 기간 동안의 체포 내지 구금 상태가 위법한가?

판례 구속영장청구를 받은 판사는 신속히 구속영장의 발부 여부를 결정하여야 하고, 상당하다고 인정할 때에는 구속영장을 발부한다(제201조 제3항, 제4항). 구속영장은 검사의 지휘에 의하여 사법경찰관리가 집행하고(제209조, 제81조 제1항 본문), **구속영장을 집행함에는 피의자에게 반드시 이를 제시하고** 피의사실의 요지, 구속의 이유와 변호인을 선임할 수 있음을 말하고 변명할 기회를 주어야 하며(제209조, 제85조 제1항, 제200조의5), 피의자를 구속한 때에는 변호인 또는 변호인선임권자 중 피의자가 지정한 자에게 피의사건명, 구속일시·장소, 피의사실의 요지, 구속의 이유와 변호인을 선임할 수 있는 취지를 지체 없이 서면으로 통지하여야 한다(제209조, 제87조 제1항, 제2항). 위와 같은 헌법이 정한 적법절차와 영장주의 원칙, 형사소송법이 정한 체포된 피의자의 구금을 위한 구속영장의 청구, 발부, 집행절차에 관한 규정을 종합하면, 법관이 검사의 청구에 의하여 체포된 피의자의 구금을 위한 구속영장을 발부하면 **검사와 사법경찰관리는 지체 없이 신속하게 구속영장을 집행하여야 한다.** 피의자에 대한 구속영장의 제시와 집행이 그 발부 시로부터 **정당한 사유 없이 시간이 지체되어 이루어졌다면**, 구속영장이 그 유효기간 내에 집행되었다고 하더라도 **위 기간 동안의 체포 내지 구금 상태는 위법하다**(대법원 2021.4.29, 2020도16438).

보충 사법경찰리가 현행범인 체포된 피의자에 대하여 구속영장 발부일로부터 만 3일이 경과하여 구속영장 원본 제시에 의한 구속영장을 집행한 사안에서, 사법경찰리의 피고인에 대한 구속영장 집행은 지체 없이 이루어졌다고 볼 수 없고, 구속영장이 주말인 토요일에 발부되어 담당경찰서의 송치담당자가 월요일 일과시간 중 이를 받아왔고 피고인에 대한 사건 담당자가 외근 수사 중이어서 화요일에 구속영장 원본 제시에 의한 집행을 한 사정은 구속영장 집행 지연에 대한 정당한 사유에 해당하지 않는다고 보아 구속영장의 집행이 정당한 사유 없이 지체된 기간 동안의 피고인에 대한 체포 내지 구금 상태는 위법하다고 판단한 사례이다(다만, 피고인에 대한 구속영장 집행이 위법하더라도 그로 인하여 피고인의 방어권, 변호권이 본질적으로 침해되어 원심판결의 정당성마저 인정하기 어렵다고 보이는 정도에 이르지 않았다고 보아 피고인의 상고를 기각한 사례이기도 하다).

solution 위법하다.

●●○

## 024 변호인 되려는 자의 접견교통권을 침해한 사건

• 경찰1차 21, 경찰간부 20, 국가7급 20·21

다음은 변호인 접견불허 위헌확인 등에 관한 헌법재판소 2019.2.28, 2015헌마1204 결정례를 문제로 만든 것이다. 잘 읽고 물음에 답하시오.

[사건개요] 피의자 윤○현은 2015.10.5. 19:00경 체포영장에 의하여 체포되어 구속영장이 청구되었다. 변호사인 청구인은 위 피의자 가족들의 의뢰를 받아 2015.10.6. 17:00경 사건을 수사 중인 피청구인 ○○지방검찰청 검사(이하 '피청구인 검사'라고 한다)에게 변호인 접견이 가능한지 전화로 문의한 후, 같은 날 19:00경 접견신청서를 지참한 채 ○○지방검찰청 ○○호 검사실을 방문하여 피청구인 검사에게 변호인 접견신청을 하였다. 위 피의자 호송을 담당한 피청구인 ○○구치소 교도관(이하 '피청구인 교도관'이라고 한다)은 같은 날 17:00경 피청구인 검사실에서 위 피의자를 인계받아 검찰청 내 구치감에 대기시켰다가, 같은 날 19:10경 피청구인 검사로부터

야간 피의자신문을 위한 피의자 소환을 요청받고 위 피의자를 검사실로 인치하였다. 피청구인 검사는 피청구인 교도관에게 청구인의 접견신청이 있었음을 알렸고, 피청구인 교도관은 ○○구치소 변호인 접견 담당직원에게 그 처리 절차에 관하여 문의한 후, 청구인에게 '형의 집행 및 수용자의 처우에 관한 법률 시행령' 제58조 제1항에 따라 '국가공무원 복무규정'상 근무시간(09:00~18:00)이 경과하여 변호인 접견을 허용할 수 없다고 통보하였다. 피청구인 검사는 그 후 청구인의 접견신청에 대하여 더 이상의 조치를 취하지 아니하였고, 청구인은 검사실에서 머무르다가 결국 위 피의자를 접견하지 못한 채로 퇴실하였다. 피청구인 검사는 청구인이 퇴실한 이후 위 피의자에 대한 신문을 계속하였으며, 청구인은 위 피의자의 변호인으로 선임되지는 못하였다. 청구인은 위와 같이 변호인 접견신청을 불허한 피청구인들의 행위와 피청구인 교도관이 그 법적 근거로 삼은 '형의 집행 및 수용자의 처우에 관한 법률 시행령' 제58조 제1항이 자신의 기본권을 침해하였다고 주장하면서, 2015.12.28. 이 사건 헌법소원심판을 청구하였다.

보충 피청구인 검사는 청구인의 접견신청 사실을 교도관에게 알렸을 뿐이고, 담당교도관이 청구인과 피의자 윤○현의 접견을 거부한 이후 청구인이 위 피의자와 접견하기 위해 검사실에서 계속 머물렀음에도 불구하고, 검사실이나 별도로 마련된 변호인 접견실에서 접견이 이루어질 수 있도록 하는 등의 조치를 취하지 않았다. 이와 같이 담당교도관의 접견 불허 통보 이후 피청구인 검사가 별다른 조치를 취하지 아니한 것은 실질적으로 청구인의 접견신청을 불허한 것과 동일하게 평가할 수 있으므로(헌법재판소 1991.7.8. 89헌마181; 대법원 1990.2.13. 89모37; 대법원 1991.3.28. 91모24), 이 사건 검사의 접견불허행위는 헌법소원의 대상이 되는 공권력의 행사로서 존재한다고 할 것이다.

[제1문] 변호인 되려는 자의 피의자와의 접견교통권은 헌법상 기본권인가?
[제2문] 변호인 되려는 자의 접견신청을 불허한 검사의 처분은 형사소송법 제417조의 준항고의 대상이다. 그럼에도 불구하고 변호인 되려는 자는 위 준항고를 제기하지 아니한 채 헌법소원심판을 청구하였다. 이러한 헌법소원심판청구는 적법한가?
[제3문] 이 사건에서 검사의 접견불허행위는 변호인 되려는 자의 접견교통권을 침해한 것인가?

[제1문]

[결정례] 구속된 피의자 등의 변호인 조력을 받을 권리를 헌법상 기본권으로 인정하는 이유 및 그 필요성(헌법재판소 1995.7.21, 92헌마144 참조)은 체포된 피의자 등의 경우에도 마찬가지이다. 헌법 제12조 제4항 본문은 체포 또는 구속을 당한 때에 "즉시" 변호인의 조력을 받을 권리를 가진다고 규정함으로써 변호인이 선임되기 이전에도 피의자 등에게 변호인의 조력을 받을 권리가 있음을 분명히 하고 있다. 이와 같이 아직 변호인을 선임하지 않은 피의자 등의 변호인 조력을 받을 권리는 변호인 선임을 통하여 구체화되는데, 피의자 등의 변호인선임권은 변호인의 조력을 받을 권리의 출발점이자 가장 기초적인 구성부분으로서 법률로써도 제한할 수 없는 권리이다(헌법재판소 2004.9.23, 2000헌마138 참조). 따라서 **변호인 선임을 위하여 피의자 등이 가지는 '변호인이 되려는 자'와의 접견교통권 역시 헌법상 기본권**으로 보호되어야 한다. …… '변호인이 되려는 자'의 접견교통권은 피의자 등을 조력하기 위한 핵심적인 부분으로서, 피의자 등이 가지는 헌법상의 기본권인 '변호인이 되려는 자'와의 접견교통권과 표리의 관계에 있다고 할 것이다. 결론적으로, **'변호인이 되려는 자'의 접견교통권**은 피의자 등을 조력하기 위한 핵심적인 권리로서, 피의자 등이 가지는 '변호인이 되려는 자'의 조력을 받을 권리가 실질적으로 확보되기 위하여 이 역시 **헌법상 기본권**으로서 보장되어야 한다(헌법재판소 2019.2.28, 2015헌마1204).

solution 헌법상 기본권이다.

[제2문]

[결정례] (보충성원칙의 예외 인정 여부) 헌법소원은 다른 법률에 구제절차가 있는 경우에는 그 절차를 모두 거친 후에 심판청구를 하여야 하는데(헌법재판소법 제68조 제1항 단서), 다만 청구인이 그의 불이익으로 돌릴 수 없는 정당한 이유가 있는 착오로 전심절차를 밟지 않은 경우 또는 전심절차로 권리가 구제될 가능성이 거의 없거나 **권리구제절차가 허용되는지 여부가 객관적으로 불확실하여 전심절차 이행의 기대가능성이 없는 경우**에는 보충성의 예외로서 적법한 청구로 인정된다(헌법재판소 1989.9.4, 88헌마22; 2008.5.29, 2007헌마712 등 참조). …… 대법원은 수사기관의 접견불허처분의 취소를 구하는 준항고에도 법률상 이익이 있어야 하고, 소송계속 중 준항고로써 달성하고자 하는 목적이 이미 이루어졌거나 시일의 경과 또는 그 밖의 사정으로 인하여 그 이익이 상실된 경우에는 준항고는 그 이익이 없어 부적법하게 된다고 보면서도(대법원 1999.6.14, 98모121; 2014.4.15, 2014모686 결정 참조), 그에 관한 구체적 기준을 제시하지 않고 있다. **따라서 사건 당일 종료된 이 사건 검사의 접견불허행위에 대하여 청구인이 그 취소를 구하는 준항고를 제기할 경우 법원이 법률상 이익이 결여되었다고 볼 것인지 아니면 실체 판단에 나아갈 것인지가 객관적으로 불확실하여 청구인으로 하여금 전심절차를 이행할 것을 기대하기 어려운 경우**에 해당한다. 결론적으로, 이 부분 심판청구는 보충성의 예외로서 적법한 청구로 인정되어야 한다(헌법재판소 2019.2.28, 2015헌마1204).

solution 적법하다.

[제3문]

[결정례] **형집행법 제41조 제4항의 위임을 받은 이 사건 접견시간 조항은 수용자의 접견을 '국가공무원 복무규정'에 따른 근무시간 내로 한정함으로써 피의자와 변호인 등의 접견교통을 제한하고 있으나, 앞서 본 바와 같이 위 조항은 교도소장 · 구치소장이 그 허가 여부를 결정하는 변호인 등의 접견신청의 경우에 적용되는 것으로서, 검사 또는 사법경찰관이 그 허가 여부를 결정하는 피의자신문 중 변호인 등의 접견신청의 경우에는 적용되지 않으므로, 위 조항을 근거로 변호인 등의 접견신청을 불허하거나 제한할 수는 없다고** 할 것이다. 따라서 이 사건 검사의 접견불허행위는 헌법이나 법률의 근거 없이 이루어졌다고 할 것이다. 결국 청구인의 피의자 윤○현에 대한 접견신청은 '변호인이 되려는 자'에게 보장된 접견교통권의 범위 내에서 행사된 것이고, 또한 이 사건 검사의 접견불허행위는 헌법이나 법률의 근거 없이 이루어진 것이므로, 청구인의 접견교통권을 침해하였다고 할 것이다.

보충 [위 결정례의 주문] **2015.10.6. 19:00경 ○○지방검찰청 ○○호 검사실에서 청구인과 피의자 윤○현의 접견을 허용하기 위한 조치를 취하지 않은 피청구인 ○○지방검찰청 검사의 행위는 변호인이 되려는 청구인의 접견교통권을 침해한 것으로서 헌법에 위반됨**을 확인한다. (이 사건 검사의 접견불허행위는 헌법에 위반되어 취소되어야 할 것이나, 위 접견불허행위가 이미 종료되었으므로 동일 또는 유사한 기본권 침해의 반복을 방지하기 위하여 선언적 의미에서 그에 대한 위헌확인을 한 것임)

solution 침해한 것이다.

# 2 압수 · 수색 · 검증 · 감정

●●○

## 025 마약류 불법거래 방지법에 따른 검사의 요청으로 세관장이 행하는 조치 사건

비교판례

• 경찰1차 20, 경찰2차 18, 경찰간부 20

다음은 대법원 2017.7.18, 2014도8719 판례를 문제로 만든 것이다. 잘 읽고 물음에 답하시오.

[제1문] 수출입물품을 검사하는 과정에서 마약류가 감추어져 있다고 밝혀지거나 그러한 의심이 드는 경우, 마약류 불법거래 방지에 관한 특례법 제4조 제1항에 따라 검사의 요청으로 세관장이 행하는 조치에 영장주의 원칙이 적용될 수 있는가?

[제2문] 마약류 불법거래 방지에 관한 특례법 제4조 제1항에 따른 조치의 일환으로 특정한 수출입물품을 개봉하여 검사하고 그 내용물의 점유를 취득한 행위는 압수 또는 수색에 해당하여 사전 또는 사후에 영장을 받아야 하는가?

[제1문]

(판례) 수사기관에 의한 압수·수색의 경우 헌법과 형사소송법이 정한 적법절차와 영장주의 원칙은 법률에 따라 허용된 예외사유에 해당하지 않는 한 관철되어야 한다. 세관공무원이 수출입물품을 검사하는 과정에서 마약류가 감추어져 있다고 밝혀지거나 그러한 의심이 드는 경우, 검사는 마약류의 분산을 방지하기 위하여 충분한 감시체제를 확보하고 있어 수사를 위하여 이를 외국으로 반출하거나 대한민국으로 반입할 필요가 있다는 요청을 세관장에게 할 수 있고, 세관장은 그 요청에 응하기 위하여 필요한 조치를 할 수 있다(마약류 불법거래 방지에 관한 특례법 제4조 제1항). **그러나 이러한 조치가 수사기관에 의한 압수 · 수색에 해당하는 경우에는 영장주의 원칙이 적용된다.**

solution 적용될 수 있다.

[제2문]

(판례) ① 물론 수출입물품 통관검사절차에서 이루어지는 물품의 개봉, 시료채취, 성분분석 등의 검사는 수출입물품에 대한 적정한 통관 등을 목적으로 조사를 하는 것으로서 이를 수사기관의 강제처분이라고 할 수 없으므로, 세관공무원은 압수·수색영장 없이 이러한 검사를 진행할 수 있다. 세관공무원이 통관검사를 위하여 직무상 소지하거나 보관하는 물품을 수사기관에 임의로 제출한 경우에는 비록 소유자의 동의를 받지 않았더라도 수사기관이 강제로 점유를 취득하지 않은 이상 해당 물품을 압수하였다고 할 수 없다. ② 그러나 **마약류 불법거래 방지에 관한 특례법 제4조 제1항에 따른 조치의 일환으로 특정한 수출입물품을 개봉하여 검사하고 그 내용물의 점유를 취득한 행위는 위에서 본 수출입물품에 대한 적정한 통관 등을 목적으로 조사를 하는 경우와는 달리, 범죄수사인 압수 또는 수색에 해당하여 사전 또는 사후에 영장을 받아야 한다.**

solution 사전 또는 사후에 영장을 받아야 한다.

●●●
## 026 피의자의 동생이 피의자로 기재된 압수 · 수색영장 집행의 적법성

(아동 · 청소년 이용 음란물 제작, 배포, 소지 등으로 기소된) 피의자의 동생이 피의자로 기재된 압수 · 수색영장으로 피의자 소유의 정보저장매체를 압수한 영장 집행은 적법한가?

판례 헌법과 형사소송법이 구현하고자 하는 적법절차와 영장주의의 정신에 비추어 볼 때, 법관이 압수·수색영장을 발부하면서 '압수할 물건'을 특정하기 위하여 기재한 문언은 엄격하게 해석하여야 하고, 함부로 피압수자 등에게 불리한 내용으로 확장 또는 유추 해석하여서는 안 된다(대법원 2009.3.12, 2008도763 등). **따라서 피고인이 아닌 사람을 피의자로 하여 발부된 이 사건 영장을 집행하면서 피고인 소유의 이 사건 휴대전화 등을 압수한 것은 위법하다**(대법원 2021.7.29, 2020도14654).

보충 피의자가 휴대전화를 임의제출하면서 휴대전화에 저장된 전자정보가 아닌 클라우드 등 제3자가 관리하는 원격지에 저장되어 있는 전자정보를 수사기관에 제출한다는 의사로 수사기관에게 클라우드 등에 접속하기 위한 아이디와 비밀번호를 임의로 제공하였다면 위 클라우드 등에 저장된 전자정보를 임의제출하는 것으로 볼 수 있다.

보충 영장에 기재된 문언에 반하여 피고인이 아닌 피고인의 동생을 피의자로 하여 발부된 이 사건 영장을 집행하면서 피고인 소유의 이 사건 휴대전화 등을 압수한 것은 위법하다고 선언하면서도, 위법하게 압수된 휴대전화 등에서 취득한 증거가 아닌 임의제출된 다른 휴대전화 및 그에 연결된 클라우드 등 제3자가 관리하는 원격지에 저장된 증거(아동·청소년음란물)를 유죄의 증거로 사용하였으므로 원심의 위와 같은 잘못은 판결 결과에 영향이 없다는 이유로 피고인의 상고를 기각한 사례이다.

solution 적법하지 않다.

●●○
## 027 압수 · 수색영장의 범죄 혐의사실과 '관계있는 범죄'의 의미 및 범위

• 경찰1차 20, 국가7급 21, 법원9급 21

판례 형사소송법 제215조 제1항은 "검사는 범죄수사에 필요한 때에는 피의자가 죄를 범하였다고 의심할 만한 정황이 있고 해당 사건과 관계가 있다고 인정할 수 있는 것에 한정하여 지방법원판사에게 청구하여 발부받은 영장에 의하여 압수, 수색 또는 검증을 할 수 있다."라고 정하고 있다. 따라서 영장 발부의 사유로 된 범죄 혐의사실과 무관한 별개의 증거를 압수하였을 경우 이는 원칙적으로 유죄 인정의 증거로 사용할 수 없다. 그러나 **압수 · 수색의 목적이 된 범죄나 이와 관련된 범죄**의 경우에는 그 압수·수색의 결과를 유죄의 증거로 사용할 수 있다. 압수·수색영장의 범죄 혐의사실과 관계있는 범죄라는 것은 **압수 · 수색영장에 기재한 혐의사실과 객관적 관련성이 있고 압수 · 수색영장 대상자와 피의자 사이에 인적 관련성이 있는 범죄**를 의미한다. 그중 혐의사실과의 **객관적 관련성**은 압수·수색영장에 기재된 혐의사실 자체 또는 그와 기본적 사실관계가 동일한 범행과 직접 관련되어 있는 경우는 물론 범행 동기와 경위, 범행 수단과 방법, 범행 시간과 장소 등을 증명하기 위한 간접증거나 정황증거 등으로 사용될 수 있는 경우에도 인정될 수 있다. **그 관련성은 압수 · 수색영장에 기재된 혐의사실의 내용과 수사의 대상, 수사 경위 등을 종합하여 구체적 · 개별적 연관관계가 있는 경우에만 인정되고, 혐의사실과 단순히 동종 또는 유사 범행이라는 사유만으로 관련성이 있다고 할 것은 아니다.** 그리고 피의자와 사이의 **인적 관련성**은 압수·수색영장에 기재된 대상자의 **공동정범이나 교사범 등 공범이나 간접정범은 물론 필요적 공범 등**에 대한 피고사건에 대해서도 인정될 수 있다(대법원 2017.12.5, 2017도13458).

## 028 압수 · 수색영장에 기하여 허용되는 압수의 대상 및 그 범위와 더불어, 압수된 증거물을 영장 발부의 사유가 된 범죄 혐의사실 이외의 다른 범죄사실을 뒷받침하는 증거로 쓰기 위한 요건 중 '객관적 관련성'이 충족되었는지가 문제된 사건

• 경찰2차 20, 법원9급 21

판례 형사소송법 제215조 제1항은 "검사는 범죄수사에 필요한 때에는 피의자가 죄를 범하였다고 의심할 만한 정황이 있고 해당 사건과 관계가 있다고 인정할 수 있는 것에 한정하여 지방법원판사에게 청구하여 발부받은 영장에 의하여 압수, 수색 또는 검증을 할 수 있다."라고 정하고 있다. 따라서 **영장 발부의 사유로 된 범죄 혐의사실과 무관한 별개의 증거를 압수하였을 경우 이는 원칙적으로 유죄 인정의 증거로 사용할 수 없다. 그러나 압수 · 수색의 목적이 된 범죄나 이와 관련된 범죄의 경우에는 그 압수 · 수색의 결과를 유죄의 증거로 사용할 수 있다.** 압수·수색영장의 범죄 혐의사실과 관계있는 범죄라는 것은 압수·수색영장에 기재한 혐의사실과 객관적 관련성이 있고 압수·수색영장 대상자와 피의자 사이에 인적 관련성이 있는 범죄를 의미한다. 그중 **혐의사실과의 객관적 관련성은 압수 · 수색영장에 기재된 혐의사실 자체 또는 그와 기본적 사실관계가 동일한 범행과 직접 관련되어 있는 경우는 물론 범행 동기와 경위, 범행 수단과 방법, 범행 시간과 장소 등을 증명하기 위한 간접증거나 정황증거 등으로 사용될 수 있는 경우에도 인정될 수 있다.** 이러한 객관적 관련성은 압수·수색영장에 기재된 혐의사실의 내용과 수사의 대상, 수사 경위 등을 종합하여 **구체적 · 개별적 연관관계**가 있는 경우에만 인정된다고 보아야 하고, **혐의사실과 단순히 동종 또는 유사 범행이라는 사유만으로 객관적 관련성이 있다고 할 것은 아니다.** …… 피고인이 2018.5.6.경 피해자 갑(여, 10세)에 대하여 저지른 간음유인미수 및 성폭력범죄의 처벌 등에 관한 특례법(이하 '성폭력처벌법'이라고 한다) 위반(통신매체이용음란) 범행과 관련하여 수사기관이 피고인 소유의 휴대전화를 압수하였는데, 위 휴대전화에 대한 디지털정보분석 결과 피고인이 2017.12.경부터 2018.4.경까지 사이에 저지른 피해자 을(여, 12세), 병(여, 10세), 정(여, 9세)에 대한 간음유인 및 간음유인미수, 미성년자의제강간, 성폭력처벌법 위반(13세미만미성년자강간), 성폭력처벌법 위반(통신매체이용음란) 등 범행에 관한 추가 자료들이 획득되어 그 증거능력이 문제 된 경우, 위 휴대전화는 피고인이 긴급체포되는 현장에서 적법하게 압수되었고, 형사소송법 제217조 제2항에 의해 발부된 법원의 사후 압수·수색·검증영장(이하 '압수·수색영장'이라고 한다)에 기하여 압수 상태가 계속 유지되었으며, **압수 · 수색영장에는 범죄사실란에 갑에 대한 간음유인미수 및 통신매체이용음란의 점만이 명시되었으나, 법원은 계속 압수 · 수색 · 검증이 필요한 사유로서 영장 범죄사실에 관한 혐의의 상당성 외에도 추가 여죄수사의 필요성을 포함시킨 점,** 압수·수색영장에 기재된 혐의사실은 미성년자인 갑에 대하여 간음행위를 하기 위한 중간 과정 내지 그 수단으로 평가되는 행위에 관한 것이고 나아가 **피고인은 형법 제305조의2 등에 따라 상습범으로 처벌될 가능성이 완전히 배제되지 아니한 상태였으므로, 추가 자료들로 밝혀지게 된 을, 병, 정에 대한 범행은 압수 · 수색영장에 기재된 혐의사실과 기본적 사실관계가 동일한 범행에 직접 관련되어 있는 경우라고 볼 수 있으며,** 실제로 2017.12.경부터 2018.4.경까지 사이에 저질러진 추가 범행들은, 압수·수색영장에 기재된 혐의사실의 일시인 2018.5.7.과 시간적으로 근접할 뿐만 아니라, 피고인이 자신의 성적 욕망을 해소하기 위하여 미성년자인 피해자들을 대상으로 저지른 일련의 성범죄로서 범행 동기, 범행 대상, 범행의 수단과 방법이 공통되는 점, 추가 자료들은 압수·수색영장의 범죄사실 중 간음유인죄의 '간음할 목적'이나 성폭력처벌법 위반(통신매체이용음란)죄의 '자기 또는 다른 사람의 성적 욕망을 유발하거나 만족시킬 목적'을 뒷받침하는 간접증거로 사용될 수 있었고, 피고인이 영장 범죄사실과 같은 범행을 저지른 수법 및 준비과정, 계획 등에 관한 정황증거에 해당할 뿐 아니라, 영장 범죄사실 자체에 대한 피고인 진술의 신빙성을 판단할 수 있는 자료로도 사용될 수 있었던 점 등을 종합하면, **추가 자료들로 인하여 밝혀진 피고인의 을, 병, 정에 대한 범행은 압수 · 수색영장의 범죄사실과 단순히 동종 또는 유사 범행인 것을 넘어서서 이와 구체적 · 개별적 연관관계가 있는 경우로서 객관적 · 인적 관련성을 모두 갖추었다**는 이유로, 같은 취지에서 **추가 자료들은 위법하게 수집된 증거에 해당하지 않으므로 압수 · 수색영장의 범죄사실뿐 아니라 추가 범행들에 관한 증거로 사용할 수 있다**고 본 원심판단은 정당하다(대법원 2020.2.13, 2019도14341, 2019전도130).

●○○

## 029 피고인이 여러 남자 아동 · 청소년들을 상대로 성적 학대행위, 촬영행위를 하고 그 외에 아동 · 청소년이용음란물을 소지하였다는 혐의로 기소된 사건에서 압수수색영장 기재 범죄사실과 다른 피해자들에 대한 공소사실 사이에 객관적 관련성이 인정되는지 여부

판례 전자정보 또는 전자정보저장매체에 대한 압수수색에서 혐의사실과 관련된 전자정보인지 여부를 판단할 때는 혐의사실의 내용과 성격, 압수수색의 과정 등을 토대로 구체적 · 개별적 연관관계를 살펴볼 필요가 있다. 특히 **카메라의 기능과 전자정보저장매체의 기능을 함께 갖춘 휴대전화인 스마트폰을 이용한 불법촬영 등 범죄**와 같이 범죄의 속성상 해당 범행의 상습성이 의심되거나 성적 기호 내지 경향성의 발현에 따른 일련의 범행의 일환으로 이루어진 것으로 의심되고, 범행의 직접 증거가 스마트폰 안에 이미지 파일이나 동영상 파일의 형태로 남아 있을 개연성이 있는 경우에는 그 안에 저장되어 있는 같은 유형의 전자정보에서 그와 관련한 유력한 간접증거나 정황증거가 발견될 가능성이 높다는 점에서 **이러한 간접증거나 정황증거는 혐의사실과 구체적 · 개별적 연관관계를 인정할 수 있다.** 이처럼 범죄의 대상이 된 피해자의 인격권을 현저히 침해하는 성격의 전자정보를 담고 있는 촬영물은 범죄행위로 인해 생성된 것으로서 몰수의 대상이기도 하므로, 휴대전화에서 해당 전자정보를 신속히 압수수색하여 촬영물의 유통가능성을 적시에 차단함으로써 피해자를 보호할 필요성이 크다. 나아가 이와 같은 경우에는 간접증거나 정황증거이면서 몰수의 대상이자 압수수색의 대상인 전자정보의 유형이 이미지 파일 내지 동영상 파일 등으로 비교적 명확하게 특정되어 그와 무관한 사적 전자정보 전반의 압수수색으로 이어질 가능성이 적어 상대적으로 폭넓게 관련성을 인정할 여지가 많다는 점에서도 그렇다(대법원 2021.11.18, 2016도348 전원합의체). …… 수사기관은 피해자 A에 대한 강제추행과 카메라 이용 촬영을 범죄사실로 하여 피고인의 휴대전화 등에 대한 **압수수색영장**을 발부받았고, 그 집행과정에서 피해자 A에 대한 범죄사실 외에도 다른 피해자들에 대한 범죄사실과 관련한 전자정보를 압수하여, 피고인은 피해자 A에 대한 음란물 제작과 성적 학대행위를 포함하여 다른 피해자들에 대한 여러 범죄사실로 공소제기되었는데, **위 압수수색영장은 피해자 A에 대한 범죄사실과 관련한 직접증거뿐 아니라 그 증명에 도움이 되는 간접증거 또는 정황증거를 확보하기 위한 것**이라고 볼 수 있고, 그 압수수색영장에 따라 압수된 전자정보 및 그 분석결과 등은 혐의사실의 간접증거 또는 정황증거로 사용될 수 있는 경우에 해당하여 압수수색영장 기재 혐의사실과의 객관적 관련성이 인정된다(대법원 2021.11.25, 2021도10034).

●●○

## 030 압수 · 수색영장의 범죄 혐의사실과 '객관적 관련성' 및 압수 · 수색집행과정의 참여권

판례 피고인의 2018. 3. 10.자 성폭력범죄의처벌등에관한특례법위반(카메라등이용촬영) 등 혐의로 발부된 압수 · 수색영장에 기하여 압수된 피고인의 휴대전화에서 2018. 3. 9.자 및 2018. 4. 2.자 각 동종 범행으로 촬영된 사진, 동영상이 발견되었고, 검사가 2018. 3. 9.자 및 2018. 4. 2.자 각 범행을 기소하면서 이를 유죄의 증거로 제출하였는데, 원심이 영장 혐의사실과 객관적 관련성이 인정되지 아니하고 또한 피고인의 참여권도 보장되지 아니하여 위법수집증거라는 이유로 증거능력을 부정한 사안에서, **범행의 일시 · 간격, 간접증거 내지 정황증거로 사용될 가능성, 수사의 대상과 경위 등에 비추어 구체적 · 개별적 연관관계가 있어 객관적 관련성은 인정되나** 참여권이 보장되지 아니하여 여전히 위법수집증거에 해당하므로 원심판결에 객관적 관련성에 관한 법리를 오해한 잘못이 있더라도 위 잘못이 판결에 영향은 없다(대법원 2021.12.30, 2019도10309).

## 031 마약 사범에 대한 영장에 의한 모발, 소변의 압수의 적법 여부와 2차적 증거의 증거능력이 문제된 사건 1 : 해당 사건과의 관련성

> 필로폰 교부의 혐의사실로 발부된 압수 · 수색영장에 따라 피의자의 소변, 모발을 압수하였고 그에 대한 감정 결과 필로폰 투약 사실이 밝혀져 필로폰 투약에 대한 공소가 제기된 경우, 압수 · 수색영장에 의하여 압수한 피고인의 소변 및 모발과 그에 대한 감정 결과 등은 증거로 사용할 수 있는가?

(판례) 형사소송법 제215조 제1항은 "검사는 범죄수사에 필요한 때에는 피의자가 죄를 범하였다고 의심할 만한 정황이 있고 **해당 사건과 관계가 있다고 인정할 수 있는 것**에 한정하여 지방법원판사에게 청구하여 발부받은 영장에 의하여 압수, 수색 또는 검증을 할 수 있다."라고 규정하고 있다. 따라서 영장 발부의 사유로 된 범죄 혐의사실과 무관한 별개의 증거를 압수하였을 경우 이는 원칙적으로 유죄 인정의 증거로 사용할 수 없다. 그러나 **압수·수색의 목적이 된 범죄나 이와 관련된 범죄**의 경우에는 그 압수·수색의 결과를 유죄의 증거로 사용할 수 있다. 압수·수색영장의 범죄 혐의사실과 관계있는 범죄라는 것은 압수·수색영장에 기재한 혐의사실과 **객관적 관련성**이 있고 압수·수색영장 대상자와 피의자 사이에 **인적 관련성**이 있는 범죄를 의미한다. 그중 혐의사실과의 객관적 관련성은 압수·수색영장에 기재된 혐의사실 자체 또는 그와 기본적 사실관계가 동일한 범행과 직접 관련되어 있는 경우는 물론 범행 동기와 경위, 범행 수단과 방법, 범행 시간과 장소 등을 증명하기 위한 간접증거나 정황증거 등으로 사용될 수 있는 경우에도 인정될 수 있다. 이러한 객관적 관련성은 압수·수색영장에 기재된 혐의사실의 내용과 수사의 대상, 수사 경위 등을 종합하여 **구체적 · 개별적 연관관계가 있는 경우에만 인정된다**고 보아야 하고, 혐의사실과 단순히 동종 또는 유사 범행이라는 사유만으로 객관적 관련성이 있다고 할 것은 아니다(대법원 2017.1.25, 2016도13489; 2017.12.5, 2017도13458; 2020.2.13, 2019도14341,2019전도130 등). 필로폰 교부의 혐의사실로 발부된 압수·수색영장에 따라 피고인의 소변, 모발을 압수하였고 그에 대한 감정 결과 필로폰 투약 사실이 밝혀져 필로폰 투약에 대한 공소가 제기된 사안에서, ① 법원이 압수할 물건으로 피고인의 소변뿐만 아니라 모발을 함께 기재하여 압수영장을 발부한 것은 영장 집행일 무렵의 필로폰 투약 범행뿐만 아니라 그 이전의 투약 여부까지 확인하기 위한 것으로 볼 수 있고, 피고인이 혐의사실인 필로폰 교부 일시 무렵 내지 그 이후 반복적으로 필로폰을 투약한 사실이 증명되면 필로폰 교부 당시에도 필로폰을 소지하고 있었거나 적어도 필로폰을 구할 수 있었다는 사실의 증명에 도움이 된다고 볼 수 있으므로, 압수한 피고인의 소변 및 모발은 **압수영장의 혐의사실 증명을 위한 간접증거 내지 정황증거로 사용될 수 있는 경우**에 해당하고, ② 법원이 영장의 '압수·수색·검증을 필요로 하는 사유'로 "필로폰 사범의 특성상 피고인이 **이전 소지하고 있던 필로폰을 투약하였을 가능성 또한 배제할 수 없어 필로폰 투약 여부를 확인 가능한 소변과 모발을 확보하고자 한다.**"라고 기재하고 있는 점 등에 비추어 볼 때 이 부분 공소사실이 이 사건 압수영장 발부 이후의 범행이라고 하더라도 영장 발부 당시 전혀 예상할 수 없었던 범행이라고 볼 수도 없다는 이유로, 압수·수색영장에 따라 압수한 피고인의 소변 및 모발과 그에 대한 감정 결과 등은 위 **압수 · 수색영장의 혐의사실과 객관적 · 인적 관련성을 모두 갖추어 투약의 공소사실의 증거로 사용할 수 있다**(대법원 2021.7.29, 2021도3756).

solution 증거로 사용할 수 있다.

## 032 마약 사범에 대한 영장에 의한 모발, 소변의 압수의 적법 여부와 2차적 증거의 증거능력이 문제된 사건 2 : 해당 사건과의 관련성

필로폰 투약의 혐의사실로 발부된 압수 · 수색영장에 따라 피고인의 소변, 모발을 압수하였고, 그에 대한 감정 결과 혐의사실과 수개월의 기간이 경과한 후의 다른 필로폰 투약 사실이 밝혀져 압수물에 의하여 밝혀진 필로폰 투약 사실로 공소가 제기된 경우, 압수 · 수색영장에 의하여 압수된 피고인의 소변 및 모발과 그에 대한 감정 결과 등은 증거로 사용할 수 있는가?

(판례) 형사소송법 제215조 제1항의 '해당 사건과 관계가 있다고 인정할 수 있는 것'은 압수·수색영장의 범죄 혐의사실과 관련되고 이를 증명할 수 있는 최소한의 가치가 있는 것으로서 압수·수색영장의 범죄 혐의사실과 객관적 관련성이 인정되고 압수·수색영장 대상자와 피의자 사이에 인적 관련성이 있는 경우를 의미한다. 그중 혐의사실과의 객관적 관련성은 압수·수색영장에 기재된 혐의사실 자체 또는 그와 기본적 사실관계가 동일한 범행과 직접 관련되어 있는 경우는 물론 범행 동기와 경위, 범행 수단과 방법, 범행 시간과 장소 등을 증명하기 위한 접증거나 정황증거 등으로 사용될 수 있는 경우에도 인정될 수 있다. …… 필로폰 투약의 혐의사실로 발부된 압수·수색영장에 따라 피고인의 소변, 모발을 압수하였고, 그에 대한 감정 결과 혐의사실과 다른 필로폰 투약 사실이 밝혀져 압수물에 의하여 밝혀진 필로폰 투약 사실로 공소가 제기된 경우, 법원이 압수·수색영장을 발부하면서 '압수·수색을 필요로 하는 사유'로 "**필로폰 사범의 특성상 피고인이 이전 소지하고 있던 필로폰을 투약하였을 가능성 또한 배제할 수 없어 피고인의 필로폰 투약 여부를 확인 가능한 소변과 모발을 확보하고자 한다.**"라고 기재하고, '압수할 물건'으로 피고인의 소변뿐만 아니라 모발을 함께 기재한 것은 **영장 집행일 무렵의 필로폰 투약 범행뿐만 아니라 그 이전의 투약 여부까지 확인하기 위한 것으로 볼 수 있는 점** 등을 고려하면, 압수·수색영장에 의하여 압수한 피고인의 소변 및 모발과 그에 대한 감정 결과 등은 압수·수색영장 기재 혐의사실의 정황증거 내지 간접증거로 사용될 수 있는 경우에 해당하여 객관적 관련성이 인정된다. …… 이 사건 각 압수·수색영장의 기재 내용, 마약류 범죄의 특성과 **피고인에게 다수의 동종 범죄전력이 있는 점**(피고인은 총 3회 동종 범행전력이 있고, 그중 2회는 징역형을, 1회는 징역형의 집행유예를 선고받았다)을 고려하면, 이 사건 각 압수·수색영장에 따라 압수된 피고인의 소변 및 모발에 대한 감정 결과에 의하여 피고인이 위 각 압수·수색영장 집행일 무렵뿐만 아니라 그 이전에도 반복적·계속적으로 필로폰을 투약해온 사실이 증명되면 이 사건 각 압수·수색영장 기재 혐의사실 일시 무렵에도 유사한 방법으로 필로폰을 투약하였을 개연성이 매우 높다고 할 것이므로, **비록 소변에서 각 압수 · 수색영장 기재 필로폰 투약과 관련된 필로폰이 검출될 수 있는 기간이 경과된 이후에 영장이 집행되어 압수된 소변으로 혐의사실을 직접 증명할 수는 없다고 하더라도, 유효기간 내에 집행된 위 각 압수 · 수색영장에 따라 압수된 피고인의 소변 및 모발 등은 적어도 위 각 압수 · 수색영장 기재 혐의사실을 증명하는 유력한 정황증거 내지 간접증거로 사용될 수 있는 경우에 해당한다고 보아야 한다. 나아가 이 사건 각 압수 · 수색영장 기재 혐의사실에 대한 공소가 제기되지 않았다거나 이 사건 공소사실이 위 각 압수 · 수색영장 발부 이후의 범행이라는 사정만으로 객관적 관련성을 부정할 것은 아니다**(원심이 원용하고 있는 대법원 2019.10.17, 2019도6775 판결은 압수·수색영장의 '압수·수색을 필요로 하는 사유'의 기재 내용, 압수·수색영장의 집행 결과 등 수사의 경위에서 이 사건과 사실관계를 달리하므로 이 사건에 그대로 적용하기에는 적절하지 않다)(대법원 2021.8.26, 2021도2205).

[비교판례] 이 사건 압수영장에 기재된 메트암페타민(이하 '필로폰') 투약 혐의사실은 피고인이 2018.5.23. 시간불상경 부산 이하 불상지에서 필로폰 불상량을 불상의 방법으로 투약하였다는 것이다. 이 사건 공소사실 중 필로폰 투약의 점은 피고인이 2018. 6. 21.경부터 같은 달 25일경까지 사이에 부산 이하 불상지에서 필로폰 불상량을 불상의 방법으로 투약하였다는 것이다. **마약류 투약 범죄는 그 범행일자가 다를 경**

우 별개의 범죄로 보아야 하고, 이 사건 압수영장 기재 혐의사실과 이 부분 공소사실은 그 범행 장소, 투약방법, 투약량도 모두 구체적으로 특정되어 있지 않아 어떠한 객관적인 관련성이 있는지 알 수 없다. 이 사건 압수영장 기재 혐의사실과 이 부분 공소사실이 동종 범죄라는 사정만으로 객관적 관련성이 있다고 할 수 없다. 경찰은 제보자의 진술을 토대로 이 사건 압수영장 기재 혐의사실을 특정하였는데, 이 사건 압수영장이 발부된 후 약 1달이 지난 2018.6.25.에야 이 사건 압수영장을 집행하여 피고인의 소변을 압수하였으나 그 때는 필로폰 투약자의 소변에서 마약류 등이 검출될 수 있는 기간이 지난 뒤였고, 별도의 압수·수색영장으로 압수한 피고인의 모발에서 마약류 등이 검출되지 않자 결국 압수된 피고인의 소변에서 필로폰 양성반응이 나온 점을 근거로 이 부분 공소사실과 같이 기소하였다. 이 사건 압수영장 기재 혐의사실의 내용과 수사의 대상, 수사 경위 등을 종합하여 보면, 이 부분 공소사실과 같은 필로폰 투약의 점은 경찰이 이 사건 압수영장을 발부받을 당시 전혀 예견할 수 없었던 혐의사실이었던 것으로 보이므로, 이 사건 압수영장 기재 혐의사실과 이 부분 공소사실 사이에 연관성이 있다고 보기 어렵다(위법수집증거로 본 사건, 대법원 2019.10.17, 2019도6775).

solution 사용할 수 있다.

## 033 국선변호인에 대한 참여통지 누락이 압수 · 수색 절차의 위반 사유로 문제된 사건

판례 수사기관이 압수·수색영장을 집행할 때에는 피압수자 또는 변호인은 그 집행에 참여할 수 있다(형사소송법 제219조, 제121조). 저장매체에 대한 압수·수색 과정에서 범위를 정하여 출력·복제하는 방법이 불가능하거나 압수의 목적을 달성하기에 현저히 곤란한 예외적인 사정이 인정되어 전자정보가 담긴 저장매체, 하드카피나 이미징(imaging) 등 형태(이하 '복제본')를 수사기관 사무실 등으로 옮겨 복제·탐색·출력하는 경우에도, 피압수자나 변호인에게 참여 기회를 보장하고 혐의사실과 무관한 전자정보의 임의적인 복제 등을 막기 위한 적절한 조치를 취하는 등 영장주의 원칙과 적법절차를 준수하여야 한다. 만일 그러한 조치를 취하지 않았다면 피압수자 측이 위와 같은 절차나 과정에 참여하지 않는다는 의사를 명시적으로 표시하였거나 절차 위반행위가 이루어진 과정의 성질과 내용 등에 비추어 피압수자에게 절차 참여를 보장한 취지가 실질적으로 침해되었다고 볼 수 없을 정도에 해당한다는 등의 특별한 사정이 없는 이상 압수·수색이 적법하다고 할 수 없다. 이는 수사기관이 저장매체 또는 복제본에서 혐의사실과 관련된 전자정보만을 복제·출력한 경우에도 마찬가지이다(대법원 2015.7.16, 2011모1839 전원합의체; 2017.9.21, 2015도12400 등). 한편 형사소송법 제219조, 제121조가 규정한 변호인의 참여권은 피압수자의 보호를 위하여 변호인에게 주어진 고유권이다. 따라서 설령 피압수자가 수사기관에 압수 · 수색영장의 집행에 참여하지 않는다는 의사를 명시하였다고 하더라도, 특별한 사정이 없는 한 그 변호인에게는 형사소송법 제219조, 제122조에 따라 미리 집행의 일시와 장소를 통지하는 등으로 압수 · 수색영장의 집행에 참여할 기회를 별도로 보장하여야 한다. …… 형사소송법 제308조의2는 '적법한 절차에 따르지 아니하고 수집한 증거는 증거로 할 수 없다'고 정하고 있다. …… 그러나 법률에 정해진 절차에 따르지 않고 수집한 증거라는 이유만을 내세워 획일적으로 증거능력을 부정하는 것은 헌법과 형사소송법의 목적에 맞지 않는다. 실체적 진실 규명을 통한 정당한 형벌권의 실현도 헌법과 형사소송법이 형사소송 절차를 통하여 달성하려는 중요한 목표이자 이념이기 때문이다. 수사기관의 절차 위반행위가 적법절차의 실질적인 내용을 침해하는 경우에 해당하지 않고, 오히려 증거능력을 배제하는 것이 헌법과 형사소송법이 형사소송에 관한 절차 조항을 마련하여 적법절차의 원칙과 실체적 진실 규명의 조화를 도모하고 이를 통하여 형사 사법 정의를 실현하려 한 취지에 반하는 결과를 초래하는 것으로 평가되는 예외적인 경우라면, 법원은 그 증거를 유죄 인정의 증거로 사용할 수 있다고 보아야 한다(대법원 2020.11.26, 2020도10729).

보충 피고인이 수년간 피시방, 노래방 등의 화장실에 몰래카메라를 설치하여 타인의 신체를 촬영한 것이 「성폭력범죄의 처벌 등에 관한 특례법」 위반(카메라등이용촬영)으로 기소된 사안에서, 수사기관이 그 사무실에서 저장매체를 탐색·복제·출력하는 방법으로 압수·수색영장을 집행하기에 앞서 피고인의 국선변호인에게 그 집행의 일시와 장소를 통지하는 등으로 절차에 참여할 기회를 제공하지 않은 것은 적법절차 위반에 해당하지만, 기록에 나타난 제반 사정에 비추어 위법수집증거의 증거능력을 예외적으로 인정할 수 있는 경우에 해당한다고 볼 여지가 충분하다는 이유로, 압수·수색을 통해 수집된 증거들을 유죄의 증거로 사용할 수 없다고 단정한 원심의 판단에 위법수집증거 배제 원칙의 예외에 관한 법리를 오해하여 필요한 심리를 다하지 아니한 위법이 있다고 보아 원심판결 중 무죄 부분을 파기한 사례이다.

보충 피고인은 2019년 이하 불상경 의정부시 (주소 생략)에 있는 '○○노래연습장'의 화장실에서 그곳 용변 칸 안에 있는 쓰레기통 바깥쪽에 테이프를 이용하여 비닐로 감싼 소형 카메라를 부착하고, 위 카메라에 연결된 보조배터리를 쓰레기통 안쪽에 부착한 다음 녹화 버튼을 누르는 방법으로, 위 화장실에서 용변을 보는 성명 불상 여성의 엉덩이와 음부를 촬영한 것을 비롯하여 2013년 경부터 2019년경까지 원심 판시 범죄일람표 순번 1 내지 296 기재와 같이 총 296회에 걸쳐 피해자들이 화장실에서 용변을 보는 모습을 촬영하였다. 이로써 피고인은 카메라나 그 밖에 이와 유사한 기능을 갖춘 기계장치를 이용하여 성적 욕망 또는 수치심을 유발할 수 있는 다른 사람의 신체를 그 의사에 반하여 촬영하였다. 원심은, 수사기관이 피고인의 국선변호인에게 미리 집행의 일시와 장소를 통지하지 않은 채 2019. 10. 30. 수사기관 사무실에서 저장매체를 탐색·복제·출력하는 방식으로 압수·수색영장을 집행하여 적법절차를 위반하였는바, 당시 피고인이 구속상태였던 점과 형사소송법 제219조, 제121조에서 정한 참여절차의 중요성을 고려하면, 위와 같은 적법절차 위반은 그 정도가 무거워, 위법한 압수·수색을 통해 수집된 동영상 캡처 출력물 등은 형사소송법 제308조의2에 따라 증거로 사용할 수 없고, 피고인의 자백 또한 위 증거들에 터 잡은 결과물이거나 이 부분 공소사실의 유일한 증거여서 형사소송법 제308조의2 또는 형사소송법 제310조에 따라 유죄의 증거로 사용할 수 없다고 하였다. 그러나 대법원은, **수사기관은 2019. 10. 25. 당시 피압수자로서 유일한 참여권자이던 피고인으로부터 이 사건 컴퓨터의 탐색·복제·출력과정에 참여하지 않겠다는 의사를 확인한 후 이 사건 컴퓨터에 대한 탐색을 시작하였고, 위 탐색 당시 '이 사건 컴퓨터 하드디스크에 불법 촬영 영상물이 저장되어 있다' 는 피고인의 진술도 나온 상태였으며, 그 후 피고인의 국선변호인이 선정될 무렵에는 이미 수사기관이 이 사건 컴퓨터에 대한 탐색을 어느 정도 진행하여 압수 대상 전자정보가 저장된 폴더의 위치 정도는 파악하고 있었던 것으로 보이고, 피고인의 국선변호인이 수사기관에 이 사건 영장의 집행 상황을 문의하거나 그 과정에의 참여를 요구한 바 없으며, 이 사건 영장 집행 당시 피압수자의 참여 포기 또는 거부 의사에도 불구하고 압수·수색 절차 개시 후 선임 또는 선정된 그 변호인에게 별도의 사전통지를 하여야 한다는 점에 관하여 판례나 수사기관 내부의 지침이 확립되어 있었던 것은 아니고,** 수사기관은 이 사건 영장의 집행 과정에서 피고인이 2011년경부터 피시방, 노래방 등의 화장실에 설치해 둔 몰래카메라를 통해 수백 명에 이르는 피해자들의 신체를 촬영해 둔 영상물을 압수하였고, 그중 296건에 대한 범행을 기소하였으며(이 사건 쟁점공소사실이다) 피고인은 수사기관 및 법정에서 위 범행을 모두 자백하였다는 점 등을 고려할 때, 원심은 위법수집증거 배제 원칙의 예외에 해당하는지 여부를 신중히 판단하였어야 한다고 판시하였다(그런데도 원심은 판시와 같은 이유만으로 이 사건 영장에 따른 압수·수색을 통해 수집된 증거들을 유죄의 증거로 사용할 수 없다고 단정하여 이 사건 쟁점 공소사실을 무죄로 판단하였으므로, 이와 같은 원심의 판단에는 위법수집증거 배제 원칙의 예외에 관한 법리를 오해하여 필요한 심리를 다하지 않은 위법이 있어, 이를 지적하는 검사의 상고이유는 이유 있다).

●●○

## 034 외국계 이메일에 대한 원격지 저장매체 접속 압수 · 수색 사건

• 경찰2차 18·19, 경찰승진 20, 국가9급 21, 국가9급개론 21, 법원9급 19

압수 · 수색은 대상물의 소유자 또는 소지자를 상대로 할 수 있고, 이는 해당 소유자 또는 소지자가 피고인이나 피의자인 경우에도 마찬가지이다(형사소송법 제106조 제1항, 제2항, 제107조 제1항, 제108조, 제109조 제1항, 제219조 참조). 또한 정보저장매체에 저장된 전자정보에 대한 압수 · 수색은 영장 발부의 사유로 된 범죄 혐의사실과 관련된 부분만을 출력하거나 복제하는 방법으로 하여야 하고, 다만 범위를 정하여 출력 또는 복제하는 방법이 불가능하거나 압수의 목적을 달성하기에 현저히 곤란하다고 인정되는 때에는 정보저장매체 자체를 압수할 수 있다(형사소송법 제106조 제3항, 제219조 참조). 그렇다면, 수사기관이 피의자의 이메일 계정에 대한 접근권한에 갈음하여 발부받은 압수 · 수색영장에 따라 원격지의 저장매체(국외에 있는 경우 포함)에 적법하게 접속하여 내려받거나 현출된 전자정보를 대상으로 하여 범죄 혐의사실과 관련된 부분에 대하여 압수 · 수색하는 것은 허용되는가?

판례 인터넷서비스이용자는 인터넷서비스제공자와 체결한 서비스이용계약에 따라 인터넷서비스를 이용하여 개설한 이메일 계정과 관련 서버에 대한 접속권한을 가지고, 해당 이메일 계정에서 생성한 이메일 등 전자정보에 관한 작성·수정·열람·관리 등의 처분권한을 가지며, 전자정보의 내용에 관하여 사생활의 비밀과 자유 등의 권리보호이익을 가지는 주체로서 해당 전자정보의 소유자 내지 소지자라고 할 수 있다. 또한 인터넷서비스제공자는 서비스이용약관에 따라 전자정보가 저장된 서버의 유지·관리책임을 부담하고, 해당 서버 접속을 위해 입력된 아이디와 비밀번호 등이 인터넷서비스이용자가 등록한 것과 일치하면 접속하려는 자가 인터넷서비스이용자인지를 확인하지 아니하고 접속을 허용하여 해당 전자정보를 정보통신망으로 연결되어 있는 컴퓨터 등 다른 정보처리장치로 이전, 복제 등을 할 수 있도록 하는 것이 일반적이다. 따라서 **수사기관이 인터넷서비스이용자인 피의자를 상대로 피의자의 컴퓨터 등 정보처리장치 내에 저장되어 있는 이메일 등 전자정보를 압수 · 수색하는 것은 전자정보의 소유자 내지 소지자를 상대로 해당 전자정보를 압수 · 수색하는 대물적 강제처분으로 형사소송법의 해석상 허용된다.** 나아가 **압수 · 수색할 전자정보가 압수 · 수색영장에 기재된 수색장소에 있는 컴퓨터 등 정보처리장치 내에 있지 아니하고 그 정보처리장치와 정보통신망으로 연결되어 제3자가 관리하는 원격지의 서버 등 저장매체에 저장되어 있는 경우에도, 수사기관이 피의자의 이메일 계정에 대한 접근권한에 갈음하여 발부받은 영장에 따라 영장 기재 수색장소에 있는 컴퓨터 등 정보처리장치를 이용하여 적법하게 취득한 피의자의 이메일 계정 아이디와 비밀번호를 입력하는 등 피의자가 접근하는 통상적인 방법에 따라 원격지의 저장매체에 접속하고 그곳에 저장되어 있는 피의자의 이메일 관련 전자정보를 수색장소의 정보처리장치로 내려받거나 그 화면에 현출시키는 것 역시 피의자의 소유에 속하거나 소지하는 전자정보를 대상으로 이루어지는 것이므로 그 전자정보에 대한 압수 · 수색을 위와 달리 볼 필요가 없다.** 비록 수사기관이 위와 같이 원격지의 저장매체에 접속하여 그 저장된 전자정보를 수색장소의 정보처리장치로 내려받거나 그 화면에 현출시킨다 하더라도, 이는 인터넷서비스제공자가 허용한 피의자의 전자정보에 대한 접근 및 처분권한과 일반적 접속 절차에 기초한 것으로서, 특별한 사정이 없는 한 인터넷서비스제공자의 의사에 반하는 것이라고 단정할 수 없다. 또한 형사소송법 제109조 제1항, 제114조 제1항에서 영장에 수색할 장소를 특정하도록 한 취지와 정보통신망으로 연결되어 있는 한 정보처리장치 또는 저장매체 간 이전, 복제가 용이한 전자정보의 특성 등에 비추어 보면, **수색장소에 있는 정보처리장치를 이용하여 정보통신망으로 연결된 원격지의 저장매체에 접속하는 것이 위와 같은 형사소송법의 규정에 위반하여 압수 · 수색영장에서 허용한 집행의 장소적 범위를 확대하는 것이라고 볼 수 없다.** 수색행위는 정보통신망을 통해 원격지의 저장매체에서 수색장소에 있는 정보처리장치로 내려받거나 현출된 전자정보에 대하여 위 정보처리장치를 이용하여 이루어지고, 압수행위는 위 정보처리장치에 존재하는 전자정보를 대상으로 그 범위를 정하여 이를 출력 또는 복제하는 방법으로 이루어지므로, 수색에서 압수에 이르는 일련의 과정이 모두 압수·수색영장에 기재된 장소에서 행해지기 때문이다. 위와 같은 사정들을 종합하여 보면, **피의자의 이메일 계정에 대한 접근권한에 갈음하여 발부받은 압수 · 수색영장에 따라 원격지의 저장매체에 적법하게 접속하여 내려받거나 현출된 전자정보를 대상으로 하여 범죄 혐의사실과 관련된 부분에 대하여 압수 · 수색하는 것은,** 압수·수색영장의 집행을 원활하고 적정하게 행하기 위하여 필요한 최소한도의 범위 내에서 이루어지며 그 수단과 목적에 비추어 사회통념상 타당하다고 인정되는 대물적 강제처분 행위로서 허용되며, **형사소송법 제120조 제1항에서 정한 압수 · 수색영장의 집행에 필요한 처분에 해당한다.** 그리고 **이러한 법리는 원격지의 저장매체가 국외에 있는 경우라 하더라도 그 사정만으로 달리 볼 것은 아니다**(대법원 2017.11.29, 2017도9747).

보충 [위 판례의 의의] 위 판례는, 수사기관이 적법하게 취득한 인터넷서비스이용자의 이메일 주소와 암호를 이용하여 한국인터넷진흥원의 컴퓨터에 의하여 이용자의 중국 이메일 계정에 접속한 뒤 화면캡쳐나 내려받기의 방법으로 전자정보를 압수·수색한 사안에 있어서, 원격 압수수색과 역외 압수수색이라는 문제가 발생하는바, 그 적법성을 정면으로 인정한 최초의 대법원판결이다.

보충 법원이 발부한 압수·수색영장에 압수·수색·검증할 물건으로 '피고인이 북한 대남공작조직 225국과 간첩 통신수단으로 사용한 중국 인터넷서비스제공자인 공소외 1 회사와 공소외 2 회사가 제공하는 이메일서비스의 총 10개 계정 중 국가보안법 위반 혐의와 관련해 개설시점부터 2015. 11. 24.까지 사이의 이메일 계정, 받은 편지함 등 각종 편지함, 임시 보관함 등 각종 보관함(스팸·휴지통, 주소록 등 기타 내용 포함), 이메일과 연결된 드라이브 내 각종 문서함(휴지통·캘린더 등 기타 내용 포함)에 송·수신이 완료되어 저장되어 있는 내용과 동 내용을 출력한 출력물, 동 내용을 저장한 저장매체(메일 헤더가 기록된 원본내용 포함)'가 기재되어 있으므로, 위 압수·수색은 영장주의 위반이 아니다.

보충 [연습] 피의자의 이메일 계정에 대한 접근권한에 갈음하여 발부받은 압수수색영장에 따라 원격지 저장매체에 적법하게 접속하여 내려받거나 현출한 전자정보를 대상으로 하여 영장사실과 관련된 부분에 대하여 압수수색하는 것은 대물적 강제처분 행위로서 허용되며, 이는 영장의 집행에 필요한 처분에 해당하고, 이러한 법리는 원격지 저장매체가 국외에 있는 경우에도 다를 바 없다(대법원 2017.11.29, 2017도9747). (O) solution 허용된다.

참고 **영장 원본의 제시 없는 압수**
수사기관이 甲 주식회사에서 압수수색영장을 집행하면서 **甲 회사에 팩스로 영장 사본을 송신하기만 하고** 영장 원본을 제시하거나 압수조서와 압수물 목록을 작성하여 피압수·수색 당사자에게 교부하지도 않은 채 피고인의 이메일을 압수한 후 이를 증거로 제출한 경우, 위와 같은 방법으로 압수된 이메일은 증거능력이 없다(대법원 2017.9.7. 2015도10648).

## 035 경찰이 압수 · 수색영장으로 압수한 휴대전화가 클라우드 서버에 로그인되어 있는 상태를 이용하여 클라우드 서버에서 불법촬영물을 다운로드받아 압수한 사건

법원이 발부한 압수 · 수색영장에는 '압수할 물건'이 '여성의 신체를 몰래 촬영한 것으로 판단되는 사진, 동영상 파일이 저장된 컴퓨터 하드디스크 및 외부 저장매체'로 되어 있는데, 사법경찰관 P는 위 압수 · 수색영장으로 압수한 휴대전화가 구글계정에 로그인되어 있는 상태를 이용하여 구글 클라우드에서 불법촬영물을 다운로드 받는 방식으로 압수하였다. P의 압수는 영장주의 위반인가?

(판례) 압수할 전자정보가 저장된 저장매체로서 압수 · 수색영장에 기재된 수색장소에 있는 컴퓨터, 하드디스크, 휴대전화와 같은 컴퓨터 등 정보처리장치와 수색장소에 있지는 않으나 컴퓨터 등 정보처리장치와 정보통신망으로 연결된 원격지의 서버 등 저장매체(이하 '원격지 서버'라 한다)는 소재지, 관리자, 저장 공간의 용량 측면에서 서로 구별된다. 원격지 서버에 저장된 전자정보를 압수 · 수색하기 위해서는 컴퓨터 등 정보처리장치를 이용하여 정보통신망을 통해 원격지 서버에 접속하고 그곳에 저장되어 있는 전자정보를 컴퓨터 등 정보처리장치로 내려 받거나 화면에 현출시키는 절차가 필요하므로, 컴퓨터 등 정보처리장치 자체에 저장된 전자정보와 비교하여 압수 · 수색의 방식에 차이가 있다. 원격지 서버에 저장되어 있는 전자정보와 컴퓨터 등 정보처리장치에 저장되어 있는 전자정보는 그 내용이나 질이 다르므로 압수 · 수색으로 얻을 수 있는 전자정보의 범위와 그로 인한 기본권 침해 정도도 다르다. 따라서 수사기관이 압수 · 수색영장에 적힌 '수색할 장소'에 있는 컴퓨터 등 정보처리장치에 저장된 전자정보 외에 원격지 서버에 저장된 전자정보를 압수 · 수색하기 위해서는 압수 · 수색영장에 적힌 '압수할 물건'에 별도로 원격지 서버 저장 전자정보가 특정되어 있어야 한다. 압수 · 수색영장에 적힌 '압수할 물건'에 컴퓨터 등 정보처리장치 저장 전자정보만 기재되어 있다면 컴퓨터 등 정보처리장치를 이용하여 원격지 서버 저장 전자정보를 압수할 수는 없다. 압수 · 수색영장에 적힌 '압수할 물건'에 원격지 서버 저장 전자정보가 기재되어 있지 않은 이상 '압수할 물건'은 컴퓨터 하드디스크 및 외부 저장매체에 저장된 전자정보에 한정되므로 경찰이 압수한 불법촬영물은 위법수집증거에 해당하고, 이를 이용하여 수집한 다른 증거도 위법수집증거에 기한 2차적 증거에 해당하여 증거능력이 없다(대법원 2022.6.30. 2022도1452).

solution 영장주의 위반이다.

## 036 압수 · 수색영장의 제시가 현실적으로 불가능한 경우, 영장제시 없이 이루어진 압수 · 수색의 적법 여부

• 경찰2차 15, 경찰간부 16·17, 경찰승진 17, 국가9급 17·21, 변호사시험 17·21

> 피처분자가 현장에 없거나 현장에서 그를 발견할 수 없는 경우 등 영장제시가 현실적으로 불가능한 경우라도 영장을 제시하지 아니한 채 압수 · 수색을 하면 위법한가?

(판례) 형사소송법 제219조가 준용하는 제118조는 "압수 · 수색영장은 처분을 받는 자에게 반드시 제시하여야 한다."고 규정하고 있으나, 이는 영장제시가 현실적으로 가능한 상황을 전제로 한 규정으로 보아야 하고, 피처분자가 현장에 없거나 현장에서 그를 발견할 수 없는 경우 등 영장제시가 현실적으로 불가능한 경우에는 영장을 제시하지 아니한 채 압수 · 수색을 하더라도 위법하다고 볼 수 없다(대법원 2015.1.22, 2014도10978 전원합의체).

solution 적법하다.

보충 피고인 甲의 주소지와 거소지에 대한 압수·수색 당시 피고인 甲이 현장에 없었고, 피고인 乙과 관련한 ○○평생교육원에 대한 압수·수색 당시 ○○평생교육원 원장 A는 현장에 없었고 이사장 B도 수사관들에게 자신의 신분을 밝히지 않은 채 건물 밖에서 지켜보기만 한 경우, 수사관들이 위 각 압수·수색 당시 피고인 甲과 ○○평생교육원 원장 A 또는 이사장 B 등에게 영장을 제시하지 않았다고 하여 이를 위법하다고 볼 수 없다고 한 사안이다.

## 037 압수 · 수색영장의 제시가 적법하였는가의 사례

• 변호사시험 21

> 수사기관이 재항고인의 휴대전화 등을 압수할 당시 재항고인에게 압수 · 수색영장을 제시하였는데 재항고인이 영장의 구체적인 확인을 요구하였으나 수사기관이 영장의 범죄사실 기재 부분을 보여주지 않았고, 그 후 재항고인의 변호인이 재항고인에 대한 조사에 참여하면서 영장을 확인한 경우, 이는 형사소송법 제219조, 제118조에 따른 적법한 압수 · 수색영장의 제시로 볼 수 있는가?

(판례) 형사소송법 제219조, 제118조에 따른 적법한 압수 · 수색영장의 제시라고 인정하기 어렵다. 따라서 압수처분 당시 수사기관이 법령에서 정한 취지에 따라 재항고인에게 압수·수색영장을 제시하였는지 여부를 판단하지 아니한 채 변호인이 조사에 참여할 당시 영장을 확인하였다는 사정을 들어 압수처분이 위법하지 않다고 본 원심결정에는 헌법과 형사소송법의 관련 규정을 위반한 잘못이 있다(대법원 2020.4.16, 2019모3526).

solution 볼 수 없다.

●●○

## 038 정보저장매체에 대한 압수 등

• 경찰1차 20, 경찰2차 18·19, 경찰승진 20, 국가7급 18·21, 국가9급 21, 변호사시험 21

다음은 대법원 2018.2.8, 2017도13263 판결을 문제로 만든 것이다. 잘 읽고 물음에 답하시오.

[제1문] 수사기관이 정보저장매체에 기억된 정보 중에서 범죄 혐의사실과 관련 있는 정보를 선별한 다음 이미지 파일을 제출받아 압수한 경우, 수사기관 사무실에서 위와 같이 압수된 이미지 파일을 탐색·복제·출력하는 과정에서도 피의자 등에게 참여의 기회를 보장하여야 하는가?

[제2문] 압수물 목록의 교부와 관련하여, 압수된 정보의 상세목록에 정보의 파일 명세가 특정되어 있어야 하는가?

[제3문] 전자문서를 수록한 파일 등의 증거능력을 인정하기 위한 요건과 관련하여, 증거로 제출된 전자문서 파일의 사본이나 출력물이 복사·출력 과정에서 편집되는 등 인위적 개작 없이 원본 내용을 그대로 복사·출력한 것이라는 사실을 증명할 책임은 누구에게 있는가?

[제1문]

판례 형사소송법 제219조, 제121조에 의하면, 수사기관이 압수·수색영장을 집행할 때 피의자 또는 변호인은 그 집행에 참여할 수 있다. 압수의 목적물이 컴퓨터용디스크 그 밖에 이와 비슷한 정보저장매체인 경우에는 영장 발부의 사유로 된 범죄 혐의사실과 관련 있는 정보의 범위를 정하여 출력하거나 복제하여 이를 제출받아야 하고, 피의자나 변호인에게 참여의 기회를 보장하여야 한다. 만약 그러한 조치를 취하지 않았다면 이는 형사소송법에 정한 영장주의 원칙과 적법절차를 준수하지 않은 것이다. 수사기관이 정보저장매체에 기억된 정보 중에서 키워드 또는 확장자 검색 등을 통해 범죄 혐의사실과 관련 있는 정보를 선별한 다음 정보저장매체와 동일하게 비트열 방식으로 복제하여 생성한 파일(이하 '이미지 파일'이라 한다)을 제출받아 압수하였다면 이로써 압수의 목적물에 대한 압수·수색 절차는 종료된 것이므로, 수사기관이 수사기관 사무실에서 위와 같이 압수된 이미지 파일을 탐색·복제·출력하는 과정에서도 피의자 등에게 참여의 기회를 보장하여야 하는 것은 아니다.

solution 참여의 기회를 보장하여야 하는 것은 아니다.

[제2문]

판례 형사소송법 제219조, 제129조에 의하면, 압수한 경우에는 목록을 작성하여 소유자, 소지자, 보관자 기타 이에 준할 자에게 교부하여야 한다. 그리고 법원은 압수·수색영장의 집행에 관하여 범죄 혐의사실과 관련 있는 정보의 탐색·복제·출력이 완료된 때에는 지체 없이 압수된 정보의 상세목록을 피의자 등에게 교부할 것을 정할 수 있다. 압수물 목록은 피압수자 등이 압수처분에 대한 준항고를 하는 등 권리행사절차를 밟는 가장 기초적인 자료가 되므로, 수사기관은 이러한 권리행사에 지장이 없도록 압수 직후 현장에서 압수물 목록을 바로 작성하여 교부해야 하는 것이 원칙이다. 이러한 압수물 목록 교부 취지에 비추어 볼 때, 압수된 정보의 상세목록에는 정보의 파일 명세가 특정되어 있어야 하고, 수사기관은 이를 출력한 서면을 교부하거나 전자파일 형태로 복사해 주거나 이메일을 전송하는 등의 방식으로도 할 수 있다.

solution 특정되어 있어야 한다.

[제3문]

판례 전자문서를 수록한 파일 등의 경우에는, 성질상 작성자의 서명 혹은 날인이 없을 뿐만 아니라 작성자·관리자의 의도나 특정한 기술에 의하여 내용이 편집·조작될 위험성이 있음을 고려하여, 원본임이 증명되거나 혹은 원본으로부터 복사한 사본일 경우에는 복사 과정에서 편집되는 등 인위적 개작 없이 원본의 내용 그대로 복사된 사본임이 증명되어야만 하고, 그러한 증명이 없는 경우에는 쉽게 증거능력을 인정할 수 없다. 그리고 증거로 제출된 전자문서 파일의 사본이나 출력물이 복사·출력 과정에서 편집되는 등 인위적 개작 없이 원본 내용을 그대로 복사·출력한 것이라는 사실은 전자문서 파일의 사본이나 출력물의 생성과 전달 및 보관 등의 **절차에 관여한 사람의 증언이나 진술, 원본이나 사본 파일 생성 직후의 해시(Hash)값 비교, 전자문서 파일에 대한 검증 · 감정 결과** 등 제반 사정을 종합하여 판단할 수 있다. 이러한 **원본 동일성은 증거능력의 요건에 해당하므로 검사가 그 존재에 대하여 구체적으로 주장 · 증명해야** 한다.

solution 검사

## 039 경찰이 「성폭력범죄의 처벌 등에 관한 특례법」 위반(카메라등이용촬영) 혐의로 임의제출받은 휴대전화를 피고인과 함께 탐색하다가 다른 범행에 관한 동영상을 발견하고 이를 함께 기소한 사건

판례 다른 범행에 관한 동영상은 임의제출에 따른 압수의 동기가 된 범행의 동기와 경위, 범행 수단과 방법 등을 증명하기 위한 간접증거나 정황증거 등으로 사용될 수 있으므로 구체적·개별적 연관관계가 인정되어 관련성이 있는 증거에 해당하고, **경찰관이 피의자 신문 당시 휴대전화를 피고인과 함께 탐색하는** 과정에서 발견된 다른 범행에 관한 동영상을 추출·복사하였고, **피고인이 직접 다른 범행에 관한 동영상을 토대로 '범죄일람표' 목록을 작성 · 제출**하였으므로, **실질적으로 피고인에게 참여권이 보장되고, 전자정보 상세목록이 교부된 것과 다름이 없다**(증거능력 인정, 대법원 2021.11.25, 2019도6730).

## 040 경찰이 「성폭력범죄의 처벌 등에 관한 특례법」 위반(카메라등이용촬영) 혐의로 임의제출받은 휴대전화를 탐색하다가 약 10개월 전에 촬영된 다른 범행에 관한 영상을 발견하고 이를 함께 기소한 사건

판례 **다른 범행에 관한 영상**은 임의제출에 따른 압수의 동기가 된 범행의 동기와 경위, 범행 수단과 방법 등을 증명하기 위한 간접증거나 정황증거 등으로 사용될 수 있으므로 구체적·개별적 연관관계가 인정되어 관련성이 있는 증거에 해당하고, **경찰이 1회 피의자신문 당시 휴대전화를 피고인과 함께 탐색하는 과정에서 다른 범행에 관한 영상을 발견하였으므로 피고인이 휴대전화의 탐색 과정에 참여하였**다고 볼 수 있으며, **경찰은 같은 날 곧바로 진행된 2회 피의자신문에서 이 사건 사진을 피고인에게 제시하였**고, 5장에 불과한 이 사건 사진은 모두 동일한 일시, 장소에서 촬영된 다른 범행에 관한 영상을 출력한 것임을 육안으로 쉽게 알 수 있으므로, 비록 **피고인에게 전자정보의 파일 명세가 특정된 압수목록이 작성 · 교부되지 않았**더**라도 절차 위반행위가 이루어진 과정의 성질과 내용 등에 비추어 피고인의 절차상 권리가 실질적으로 침해되었다고 보기도 어렵다**(대법원 2022.1.13, 2016도9596).

## 041 휴대전화에 대한 압수처분이 위법함을 이유로 그 취소를 구하는 사건

• 경찰2차 22

[제1문] 법원이 압수 · 수색영장을 발부하면서 범죄 혐의사실과 관련 있는 전자정보의 탐색 · 복제 · 출력이 완료된 때 지체 없이 영장 기재 범죄 혐의사실과 관련이 없는 나머지 전자정보에 대해 삭제 · 폐기 또는 피압수자 등에게 반환할 것을 정하였음에도 수사기관이 이에 따르지 아니한 채 나머지 전자정보를 보유한 경우 그 압수는 적법한가?

[제2문] 범죄 혐의사실과의 관련성에 대한 구분 없이 임의로 전체의 전자정보를 복제 · 출력하여 이를 하나의 압축파일로 보관하여 두고, 그와 같이 선별되지 않은 전자정보에 대해 구체적인 개별 파일 명세를 특정하여 상세목록을 작성하지 않고 그 압축파일 이름만을 기재하여 이를 상세목록이라고 하면서 피압수자에게 교부한 경우 그 압축파일 전체에 대한 압수는 적법한가?

[제1문]

판례 수사기관은 압수의 목적물이 전자정보가 저장된 저장매체인 경우에는 압수·수색영장 발부의 사유로 된 범죄 혐의사실과 관련 있는 정보의 범위를 정하여 출력하거나 복제하여 이를 제출받아야 하고, 이러한 과정에서 혐의사실과 무관한 전자정보의 임의적인 복제 등을 막기 위한 적절한 조치를 취하는 등 영장주의 원칙과 적법절차를 준수하여야 한다. 따라서 저장매체의 소재지에서 압수·수색이 이루어지는 경우는 물론 예외적으로 저장매체에 들어 있는 전자파일 전부를 하드카피나 이미징(imaging) 등의 형태(이하 '복제본'이라 한다)로 수사기관 사무실 등으로 반출한 경우에도 반출한 저장매체 또는 복제본에서 혐의사실 관련성에 대한 구분 없이 임의로 저장된 전자정보를 문서로 출력하거나 파일로 복제하는 행위는 원칙적으로 영장주의 원칙에 반하는 위법한 압수가 된다(대법원 2017.11.14, 2017도3449; 2017.9.21, 2015도12400 등). …… **법원은 압수·수색영장의 집행에 관하여 범죄 혐의사실과 관련 있는 전자정보의 탐색·복제·출력이 완료된 때에는 지체 없이 영장 기재 범죄 혐의사실과 관련이 없는 나머지 전자정보에 대해 삭제·폐기 또는 피압수자 등에게 반환할 것을 정할 수 있다.** 수사기관이 범죄 혐의사실과 관련 있는 정보를 선별하여 압수한 후에도 **그와 관련이 없는 나머지 정보를 삭제·폐기·반환하지 아니한 채 그대로 보관하고** 있다면 범죄 혐의사실과 관련이 없는 부분에 대하여는 압수의 대상이 되는 전자정보의 범위를 넘어서는 전자정보를 영장 없이 압수·수색하여 취득한 것이어서 **위법하고**, 사후에 법원으로부터 압수·수색영장이 발부되었다거나 피고인이나 변호인이 이를 **증거로 함에 동의하였다고 하여 그 위법성이 치유된다고 볼 수 없다**(대법원 2022.1.14, 2021모1586).

solution 적법하지 않다.

[제2문]

판례 법원은 압수·수색영장의 집행에 관하여 범죄 혐의사실과 관련 있는 정보의 탐색·복제·출력이 완료된 때에는 지체 없이 압수된 정보의 상세목록을 피의자 등에게 교부할 것을 정할 수 있다. 압수물 목록은 피압수자 등이 압수처분에 대한 준항고를 하는 등 권리행사절차를 밟는 가장 기초적인 자료가 되므로, 수사기관은 이러한 권리행사에 지장이 없도록 압수 직후 현장에서 압수물 목록을 바로 작성하여 교부해야 하는 것이 원칙이다. 이러한 압수물 목록 교부 취지에 비추어 볼 때, 압수된 정보의 상세목록에는 정보의 파일 명세가 특정되어 있어야 한다(대법원 2018.2.8, 2017도13263 등). …… 수사기관이 압수·수색영장에 기재된 **범죄 혐의사실과의 관련성에 대한 구분 없이 임의로 전체의 전자정보를 복제·출력하여 이를 보관하**여 두고, 그와 같이 **선별되지 않은 전자정보에 대해 구체적인 개별 파일 명세를 특정하여 상세목록을 작성하지 않고 '….zip'과 같이 그 내용을 파악할 수 없도록 되어 있는 포괄적인 압축파일만을 기재한 후 이를 전자정보 상세목록이라고 하면서 피압수자 등에게 교부함**으로써 **범죄 혐의사실과 관련성 없는 정보에 대한**

삭제·폐기·반환 등의 조치도 취하지 아니하였다면, 이는 결국 수사기관이 압수·수색영장에 기재된 범죄혐의 사실과 관련된 정보 외에 범죄혐의 사실과 관련이 없어 압수의 대상이 아닌 정보까지 영장 없이 취득하는 것일 뿐만 아니라, **범죄혐의와 관련 있는 압수 정보에 대한 상세목록 작성· 교부 의무와 범죄혐의와 관련 없는 정보에 대한 삭제·폐기·반환 의무**를 사실상 형해화하는 결과가 되는 것이어서 **영장주의와 적법절차의 원칙을 중대하게 위반한** 것으로 봄이 상당하다(만약 수사기관이 혐의사실과 관련 있는 정보만을 선별하였으나 기술적인 문제로 정보 전체를 1개의 파일 등으로 복제하여 저장할 수밖에 없다고 하더라도 적어도 압수목록이나 전자정보 상세목록에 압수의 대상이 되는 전자정보 부분을 구체적으로 특정하고, 위와 같이 파일 전체를 보관할 수밖에 없는 사정을 부기하는 등의 방법을 취할 수 있을 것으로 보인다). 따라서 이와 같은 경우에는 **영장 기재 범죄혐의 사실과의 관련성 유무와 상관없이 수사기관이 임의로 전자정보를 복제·출력하여 취득한 정보 전체에 대해 그 압수는 위법한 것으로 취소되어야 한다**고 봄이 상당하고, **사후에 법원으로부터 그와 같이 수사기관이 취득하여 보관하고 있는 전자정보 자체에 대해 다시 압수·수색영장이 발부되었다고 하여 달리 볼 수 없다**(대법원 2022.1.14, 2021모1586).

solution 적법하지 않다.

보충 'A의 특정 혐의사실과 관련성 있는 정보만을 압수·수색하고, 관련성 없는 정보는 삭제 등을 할 것' 등으로 압수수색의 대상과 방법을 제한한 압수수색영장(1영장)에 기하여, 수사기관이 甲의 휴대전화를 압수·수색하면서 휴대전화에 저장된 정보를 하나의 압축파일로 수사기관의 저장매체에 보관하여 두고, 그 압축파일명을 그대로 기재한 상세목록을 작성하여 甲에게 교부하였는데, 이후 A의 특정 혐의사실과는 관련이 없는 甲의 별개 혐의사실에 대한 수사가 개시되자, 수사기관이 위 저장매체에 보관하여 둔 압축파일(甲의 휴대전화 전자정보)에 대해 다시 압수수색영장(2영장, 3영장)을 발부받아 이를 집행하자, 이에 대한 압수의 취소를 구하는 사안으로서, 대법원은 1영장에 기한 압수수색은 결국 혐의사실과 관련성 있는 부분만을 선별하려는 조치를 취하지도 않았고, 이후 관련 없는 부분에 대해 삭제 등의 조치를 취하지도 않았으며 유관·무관정보를 가리지 않은 채 1개의 파일로 압축하여 이를 보관하여 두고 그 파일 이름을 적은 서면을 상세목록이라고 하여 교부한 이상, 1영장에 기한 압수 전부가 위법하고, 이후 2영장, 3영장이 발부되었다고 하더라도 그 위법성이 치유되지 않는다고 보아, 이와 달리 판단한 원심결정을 파기환송한 사례이다.

●●○
## 042 압수 · 수색의 적법 여부가 문제된 사안

담당검사 등은 압수 · 수색에 착수하기 전에 피의자에게 압수 · 수색영장을 제시하지 않았고, 피의자의 주거지 · 사무실에 대한 압수 · 수색 사실을 통지하지 않았으며, 압수목록교부서에는 압수방법 · 장소 · 대상자별로 구분되지 않은 채 압수물 중 극히 일부만 기재되었고 압수물의 내역에는 '지출내역 등 서류 1박스' 등과 같이 압수물의 구체적 내역을 알 수 없는 포괄적 방식의 내용이 기재되었으며 담당검사 등은 위 압수목록교부서를 피압수자인 피의자에게 교부하지 않았다. 담당검사 등의 위와 같은 압수처분은 적법한가?

판례 압수·수색영장은 수사기관의 범죄수사 목적을 위하여 필요한 최소한의 범위 내에서만 신청·청구·발부되어야 하고, 이를 전제로 한 수사기관의 압수·수색영장 집행에 대한 사전적 통제수단으로, ① **압수 · 수색의 대상자에게 집행 이전에 영장을 제시**하도록 함으로써 법관이 발부한 영장 없이 압수·수색을 하는 것을 방지하여 영장주의 원칙을 절차적으로 보장하고(수사기관이 압수 또는 수색을 할 때에는 처분을 받는 사람에게 반드시 적법한 절차에 따라 법관이 발부한 영장을 사전에 제시하여야 한다. 헌법 제12조 제3항 본문, 형사소송법 제219조 및 제118조), 압수·수색영장에 기재된 물건·장소·신체에 한정하여 압수·수색이 이루어질 수 있도록 함으로써 개인의 사생활과 재산권의 침해를 최소화하며, ② **피의자 등에게 미리 압수 · 수색영장의 집행 일시와 장소를 통지함으로써 압수 · 수색영장의 집행과정에 대한 참여권을 실질적으로 보장**하고(피의자·피압수자 또는 변호인은 압수·수색영장의 집행에 참여할 권리가 있으므로 수사기관이 압수·수색영장을 집행할 때에도 원칙적으로는 피의자 등에게 미리 집행의 일시와 장소를 통지하여야 한다. 형사소송법 제219조, 제121조, 제122조), 나아가 압수·수색영장의 집행과정에서 피의사실과 관련성이 있는 압수물의 범위가 부당하게 확대되는 것을 방지함으로써 영장 집행절차의 적법성·적정성을 확보하도록 하였다. 또한, ③ 수사기관의 압수·수색영장 집행에 대한 사후적 통제수단 및 피의자 등의 신속한 구제절차로 마련된 **준항고 등(형사소송법 제417조)을 통한 불복의 기회를 실질적으로 보장하기 위하여 수사기관으로 하여금 압수·수색영장의 집행을 종료한 직후에 압수목록을 작성·교부할 의무를** 규정하였다(수사기관은 압수영장을 집행한 직후에 압수목록을 곧바로 작성하여 압수한 물건의 소유자·소지자·보관자 기타 이에 준하는 사람에게 교부하여야 한다. 형사소송법 제219조, 제129조). 압수목록을 작성할 때에는 압수방법·장소·대상자별로 명확히 구분하여 압수물의 품종·종류·명칭·수량, 외형상 특징 등을 최대한 구체적이고 정확하게 특정하여 기재하여야 한다. …… 피의자에 대한 체포영장 집행 직후부터 압수·수색영장의 집행에 따른 압수처분이 수사기관의 영장청구권 및 영장의 집행권한 남용에 해당하여 임의수사의 원칙과 비례성의 원칙에 위반되고, 영장의 사전제시의무 해태에 따른 영장주의 원칙 위반, 영장 집행 일시·장소에 대한 사전 통지의무를 위반 및 준항고인 등의 참여권을 박탈한 위법이 있으며, 압수목록 작성 시 압수방법·장소·대상자별로 구분하지 않은 상태에서 압수물의 대부분이 누락되었고 기재 내용·방식 역시 지나치게 포괄적이며 이마저도 준항고인에게 교부되지 않은 위법이 있고, 전자정보에 대한 압수·수색은 영장에 명시된 '압수 대상 및 방법의 제한'을 위반하였으며 그 전체 과정에서 준항고인 등의 참여권이 보장되지도 않았고, 집행 후 준항고인에게 전자정보 상세목록을 교부하지도 않았으며, 저장매체 원본의 반환기간이 도과되었을 뿐만 아니라 담당검사 등이 적법한 절차 없이 압수한 전자정보를 개인 저장매체에 저장·반출하여 장기간 보유하는 등 여러 측면에서 위법하다 보이므로, 압수처분은 전부 취소하여야 한다(대법원 2022.7.14, 2019모2584).

solution 적법하지 않다.

●●○

## 043 피의자 수색과 영장주의의 예외

(구) 형사소송법 제216조는 영장에 의하지 아니한 강제처분을 규정하면서, 동 제1항 제1호에서 검사 또는 사법경찰관은 영장에 의한 체포, 긴급체포, 구속 또는 현행범인체포의 규정에 의하여 피의자를 체포 또는 구속하는 경우에 필요한 때에는 영장없이 타인의 주거나 타인이 간수하는 가옥, 건조물, 항공기, 선차 내에서의 피의자 수사를 할 수 있다고 규정하고 있다. 위 규정은 영장주의에 위반되는가?

판례 헌법 제12조 제3항과는 달리 헌법 제16조 후문은 "주거에 대한 압수나 수색을 할 때에는 검사의 신청에 의하여 법관이 발부한 영장을 제시하여야 한다."라고 규정하고 있을 뿐 영장주의에 대한 예외를 명문화하고 있지 않다. 그러나 헌법 제12조 제3항과 헌법 제16조의 관계, 주거 공간에 대한 긴급한 압수·수색의 필요성, 주거의 자유와 관련하여 영장주의를 선언하고 있는 헌법 제16조의 취지 등을 종합하면, 헌법 제16조의 영장주의에 대해서도 그 예외를 인정하되, 이는 ① **그 장소에 범죄혐의 등을 입증할 자료나 피의자가 존재할 개연성이 소명되고, ② 사전에 영장을 발부받기 어려운 긴급한 사정이 있는 경우에만 제한적으로 허용될 수 있다**고 보는 것이 타당하다. 심판대상조항은 체포영장을 발부받아 피의자를 체포하는 경우에 필요한 때에는 영장 없이 타인의 주거 등 내에서 피의자 수사를 할 수 있다고 규정함으로써, 앞서 본 바와 같이 별도로 영장을 발부받기 어려운 긴급한 사정이 있는지 여부를 구별하지 아니하고 피의자가 소재할 개연성만 소명되면 영장 없이 타인의 주거 등을 수색할 수 있도록 허용하고 있다. 이는 체포영장이 발부된 피의자가 타인의 주거 등에 소재할 개연성은 소명되나, **수색에 앞서 영장을 발부받기 어려운 긴급한 사정이 인정되지 않는 경우에도 영장 없이 피의자 수색을 할 수 있다는 것이므로,** 헌법 제16조의 영장주의 예외 요건을 벗어나는 것으로서 영장주의에 위반된다(헌법재판소 2018.4.26, 2015헌바370, 2016헌가7).

보충 (헌법불합치결정) 심판대상조항의 위헌성은 체포영장이 발부된 피의자를 체포하기 위하여 타인의 주거 등을 수색하는 경우에 피의자가 그 장소에 소재할 개연성만 소명되면 수색영장을 발부받기 어려운 긴급한 사정이 있는지 여부와 무관하게 영장주의의 예외를 인정하고 있다는 점에 있다. 따라서 심판대상조항에 대하여 단순위헌결정을 하여 그 효력을 즉시 상실시킨다면, 수색영장 없이 타인의 주거 등을 수색하여 피의자를 체포할 긴급한 필요가 있는 경우에도 이를 허용할 법률적 근거가 사라지게 되는 법적 공백상태가 발생하게 된다. 위와 같은 이유로 심판대상조항에 대하여 단순위헌결정을 하는 대신 **헌법불합치결정을 선고하되, 2020.3.31.을 시한으로 입법자가 심판대상조항의 위헌성을 제거하고 합헌적인 내용으로 법률을 개정할 때까지 심판대상조항이 계속 적용되도록 한다.** 다만 향후 심판대상조항은 체포영장이 발부된 피의자가 타인의 주거 등에 소재할 개연성이 소명되고, 그 장소를 수색하기에 앞서 별도로 수색영장을 발부받기 어려운 긴급한 사정이 있는 경우에 한하여 적용되어야 할 것이다. 심판대상조항의 위헌성은 근본적으로 헌법 제16조에서 영장주의를 규정하면서 그 예외를 명시적으로 규정하지 아니한 잘못에서 비롯된 것이다. 늦어도 2020.3.31.까지는 현행범인 체포, 긴급체포, 일정 요건 하에서의 체포영장에 의한 체포의 경우에 영장주의의 예외를 명시하는 것으로 위 헌법조항이 개정되고, 그에 따라 심판대상조항(심판대상조항과 동일한 내용의 규정이 형사소송법 제137조에도 존재한다)이 개정되는 것이 바람직하며, 위 헌법조항이 개정되지 않는 경우에는 심판대상조항만이라도 이 결정의 취지에 맞게 개정되어야 함을 지적하여 둔다(헌법재판소 2018.4.26, 2015헌바370, 2016헌가7).

보충 (명확성원칙에 위반되지 않음) 헌법 제16조는 모든 국민이 주거의 자유를 침해받지 아니한다고 규정하면서 주거에 대한 압수나 수색을 할 때에는 영장을 제시하여야 한다고 특별히 강조하고 있으므로, 주거공간에 대한 압수·수색은 그 장소에 혐의사실 입증에 기여할 자료 등이 존재할 개연성이 충분히 소명되어야 그 필요성을 인정할 수 있다. 심판대상조항은 영장의 발부를 전제로 하고 있지는 않으나 위와 같은 해석은 심판대상조항에 따른 수사를 하는 경우에도 동일하게 적용되어야 한다. 따라서 심판대상조항의 피의자를 체포하는 경우에 "필요한 때"는 '피의자가 소재할 개연성'을 의미하는 것으로 어렵지 않게 해석할 수 있다. 심판대상조항은 수사기관이 피의자를 체포하기 위하여 필요한 때에는 영장 없이 타인의 주거 등에 들어가 피의자를 찾는 행위를 할 수 있다는 의미로서, 심판대상조항의 "피의자 수사"는 '피의자 수색'을 의미함을 어렵지 않게 해석할 수 있다. 이상을 종합하여 보면, 심판대상조항은 피의자가 소재할 개연성이 소명되면 타인의 주거 등 내에서 수사기관이 피의자를 수색할 수 있음을 의미하는 것으로 누구든지 충분히 알 수 있으므로, 명확성원칙에 위반되지 아니한다(헌법재판소 2018.4.26, 2015헌바370, 2016헌가7).

solution 영장주의에 위반된다.

---

형사소송법 개정사항 - 2019.12.31. 일부개정·시행

[개정이유]

2018.4.26 헌법재판소는 수색에 앞서 영장을 발부받기 어려운 긴급한 사정이 있는지에 대한 여부를 구별하지 아니하고 피의자가 소재할 개연성이 있으면 영장 없이 곧바로 타인의 주거 등을 수색할 수 있도록 하는 것은 헌법 제16조에 따른 영장주의에 위반된다는 이유로 헌법불합치 결정을 내렸다.

[개정내용]

제137조 중 "때에는"을 "때에는 미리 수색영장을 발부받기 어려운 긴급한 사정이 있는 경우에 한정하여"로 한다. 제216조 제1항 제1호 중 "수사"를 "수색"으로 하고, 같은 호에 단서를 다음과 같이 신설한다. "다만, 제200조의2 또는 제201조에 따라 피의자를 체포 또는 구속하는 경우의 피의자 수색은 미리 수색영장을 발부받기 어려운 긴급한 사정이 있는 때에 한정한다."

> 형사소송법 제137조(구속영장집행과 수색) 검사, 사법경찰관리 또는 제81조 제2항의 규정에 의한 법원사무관등이 구속영장을 집행할 경우에 필요한 **때에는 미리 수색영장을 발부받기 어려운 긴급한 사정이 있는 경우에 한정하여** 타인의 주거, 간수자 있는 가옥, 건조물, 항공기, 선차 내에 들어가 피고인을 수색할 수 있다. <개정 2007.6.1, 2019.12.31.>
>
> 제216조(영장에 의하지 아니한 강제처분) ① 검사 또는 사법경찰관은 제200조의2·제200조의3·제201조 또는 제212조의 규정에 의하여 피의자를 체포 또는 구속하는 경우에 필요한 때에는 영장 없이 다음 처분을 할 수 있다. <개정 1995.12.29, 2019.12.31.>
>
> 1. 타인의 주거나 타인이 간수하는 가옥, 건조물, 항공기, 선차 내에서의 피의자 **수색. 다만, 제200조의2 또는 제201조에 따라 피의자를 체포 또는 구속하는 경우의 피의자 수색은 미리 수색영장을 발부받기 어려운 긴급한 사정이 있는 때에 한정한다.**
> 2. 체포현장에서의 압수, 수색, 검증

●●●
## 044 개정 형사소송법 제216조 제1항 제1호 소급적용 사례

[제1문] 헌법불합치결정 당시 구법 제216조 제1항 제1호의 위헌 여부가 쟁점이 되어 법원이 계속 중인 사건에 대해서는 구법 제216조 제1항 제1호가 적용되는가, 위헌성이 제거된 개정법 제216조 제1항 제1호가 적용되는가?
[제2문] 체포영장이 발부된 피의자를 체포하기 위하여 건조물을 수색하기에 앞서 수색영장을 발부받기 어려운 긴급한 사정이 있었다고 볼 수 없음에도 수색영장 없이 경찰이 건조물을 수색한 행위는 적법한 공무집행에 해당하는가?

[제1문]

(판례) 1. 헌법불합치결정과 잠정적용의 범위

2019.12.31. 개정 전 구형사소송법 제216조 제1항은 "검사 또는 사법경찰관은 제200조의2(영장에 의한 체포)·제200조의3(긴급체포)·제201조(구속) 또는 제212조(현행범인의 체포)의 규정에 의하여 피의자를 체포 또는 구속하는 경우에 필요한 때에는 영장없이 다음 처분을 할 수 있다."라고 규정하면서 제1호에서 "타인의 주거나 타인이 간수하는 가옥, 건조물, 항공기, 선차 내에서의 피의자 수사"를 규정하고 있었다. 헌법재판소는 2018.4.26. 선고 2015헌바370, 2016헌가7(병합) 결정에서, 위 제216조 제1항 제1호 중 제200조의2에 관한 부분(이하 '구법 조항'이라고 한다)은 체포영장이 발부된 피의자가 타인의 주거 등에 소재할 개연성은 소명되나, 수색에 앞서 영장을 발부받기 어려운 긴급한 사정이 인정되지 않는 경우에도 영장 없이 피의자 수색을 할 수 있다는 것이므로, 헌법 제16조의 영장주의 예외 요건을 벗어나는 것으로서 영장주의에 위반된다고 판단하였다. 나아가 구법 조항에 대하여 단순위헌결정을 하여 그 효력을 즉시 상실시킨다면, 수색영장 없이 타인의 주거 등을 수색하여 피의자를 체포할 긴급한 필요가 있는 경우에도 이를 허용할 법률적 근거가 사라지게 되는 법적 공백상태가 발생하게 된다는 이유로 헌법불합치를 선언하면서, 구법 조항은 2020.3.31.을 시한으로 입법자가 개정할 때까지 계속 적용된다고 결정하였다(이하 '이 사건 헌법불합치결정').

이 사건 헌법불합치결정에 나타나는 구법 조항의 위헌성, 구법 조항에 대한 헌법불합치결정의 잠정적용의 이유 등에 의하면, 헌법재판소가 구법 조항의 위헌성을 확인하였음에도 불구하고 일정 시한까지 계속 적용을 명한 것은 구법 조항에 근거하여 **수색영장 없이 타인의 주거 등을 수색하여 피의자를 체포할 긴급한 필요가 있는 경우에는 이를 허용할 필요성**이 있었기 때문이다. 따라서 **구법 조항 가운데 그 해석상 '수색영장 없이 타인의 주거 등을 수색하여 피의자를 체포할 긴급한 필요가 없는 경우' 부분은 영장주의에 위반되는 것으로서 개선입법 시행 전까지 적용중지 상태에 있었다**고 보아야 한다(대법원 2021.5.27, 2018도13458).

보충 [연습] 헌법재판소가 구 형사소송법 제216조 제1항 제1호 중 제200조의2에 관한 부분에 대해 헌법불합치결정을 하면서 계속 적용을 명한 부분의 효력은 '수색영장 없이 타인의 주거 등을 수색하여 피의자를 체포할 긴급한 필요가 없는 경우'까지 미치지 않는다. (O)

solution 위헌성이 제거된 개정법 제216조 제1항 제1호가 적용된다.

[제2문]

(판례) 2. 형사소송법의 개정과 헌법불합치결정의 소급효

이 사건 헌법불합치결정에 따라 개정된 형사소송법은 제216조 제1항 제1호 중 '피의자 수사'를 '피의자 수색'으로 개정하면서 단서에 "제200조의2 또는 제201조에 따라 피의자를 체포 또는 구속하는 경우의 피의자 수색은 미리 수색영장을 발부받기 어려운 긴급한 사정이 있는 때에 한정한다."라는 부분을 추가하였으나, 부칙은 소급적용에 관하여 아무런 규정을 두고 있지 않다.

어떤 법률조항에 대하여 헌법재판소가 헌법불합치결정을 하여 입법자에게 그 법률조항을 합헌적으로 개정 또는 폐지하는 임무를 입법자의 형성 재량에 맡긴 이상, 개선입법의 소급적용 여부와 소급적용 범위는

원칙적으로 입법자의 재량에 달린 것이다. 그러나 구법 조항에 대한 이 사건 헌법불합치결정의 취지나 위헌심판의 구체적 규범통제 실효성 보장이라는 측면을 고려할 때, 적어도 **이 사건 헌법불합치결정을 하게 된 당해 사건 및 이 사건 헌법불합치결정 당시에 구법 조항의 위헌 여부가 쟁점이 되어 법원에 계속 중인 사건에** 대하여는 **이 사건 헌법불합치결정의 소급효가 미친다**고 해야 하므로, 비록 현행 형사소송법 부칙에 소급적용에 관한 경과조치를 두고 있지 않더라도 **이들 사건에 대하여는 구법 조항을 그대로 적용할 수는 없고, 위헌성이 제거된 현행 형사소송법의 규정을 적용하여야 한다**(대법원 2011.9.29, 2008두18885 등; 2021.5.27, 2018도13458).

보충 [연습] 입법자가 구 형사소송법 제216조 제1항 제1호 중 제200조의2에 관한 부분에 대한 헌법불합치결정에 따라 위 법률조항을 개정하면서 부칙에 위헌성이 제거된 개정 조항이 소급 적용에 관한 경과규정을 두지 않은 경우, 개정 조항의 소급 적용될 수 없다. (×)

보충 구법 조항이 헌법재판소법 제47조의 소급효가 인정되는 형벌조항은 아니지만, 기존의 법리에 따라, 이 사건 헌법불합치결정을 하게 된 당해 사건인 이 사건 및 이 사건 헌법불합치결정 당시 구법 조항의 위헌 여부가 쟁점이 되어 법원에 계속 중인 사건에 대하여는 위헌성이 제거된 현행 형사소송법의 규정이 적용되어야 한다고 밝히고, 이 사건 건조물을 수색하기에 앞서 수색영장을 발부받기 어려운 긴급한 사정이 있었다고 볼 수 없음에도 수색영장 없이 경찰이 이 사건 건조물을 수색한 행위는 적법한 공무집행에 해당하지 아니한다는 이유로 피고인에게 무죄를 선고한 원심의 판단을 수긍한 사안임

solution 적법한 공무집행에 해당하지 않는다.

## 045 범죄장소에서의 긴급압수 · 수색의 요건을 갖추지 못한 경우와 사후영장

• 경찰1차 21, 국가7급 21

범행 중 또는 범행 직후의 범죄 장소에서 영장 없이 압수 · 수색 또는 검증을 할 수 있도록 규정한 형사소송법 제216조 제3항의 요건 중 어느 하나라도 갖추지 못한 경우, 이에 대하여 사후에 법원으로부터 영장을 발부받음으로써 위법성이 치유되는가?

판례 범행 중 또는 범행 직후의 범죄 장소에서 긴급을 요하여 법원 판사의 영장을 받을 수 없는 때에는 영장 없이 압수·수색 또는 검증을 할 수 있으나, 사후에 지체없이 영장을 받아야 한다(형사소송법 제216조 제3항). **형사소송법 제216조 제3항의 요건 중 어느 하나라도 갖추지 못한 경우에 그러한 압수 · 수색 또는 검증은 위법하며, 이에 대하여 사후에 법원으로부터 영장을 발부받았다고 하여 그 위법성이 치유되지 아니한다**(대법원 2012.2.9, 2009도14884; 2017.11.29, 2014도16080).

보충 형사소송법 제216조 제3항이 정한 '긴급을 요하여 법원 판사의 영장을 받을 수 없는 때'의 요건을 갖추지 못하였다면 적법한 직무집행으로 볼 수 없다고 사례이다.

solution 치유되지 않는다.

●●○
## 046 체포현장이 아닌 장소에서도 긴급체포된 자가 소유 · 소지 또는 보관하는 물건에 대한 압수, 수색이 가능한지 문제된 사건

• 경찰2차 21, 경찰승진 20

긴급체포된 자가 소유 · 소지 또는 보관하는 물건에 대한 긴급 압수 · 수색 또는 검증을 규정한 형사소송법 제217조 제1항에 따른 압수 · 수색 또는 검증은 체포현장이 아닌 장소에서도 긴급체포된 자가 소유 · 소지 또는 보관하는 물건을 대상으로 할 수 있는가?

(판례) 범죄수사를 위하여 압수, 수색 또는 검증을 하려면 미리 영장을 발부받아야 한다는 이른바 사전영장주의(형사소송법 제215조 제2항)가 원칙이지만, 형사소송법 제217조는 그 예외를 인정한다. 즉, 검사 또는 사법경찰관은 긴급체포된 자가 소유·소지 또는 보관하는 물건에 대하여는 긴급히 압수할 필요가 있는 경우에는 체포한 때부터 24시간 이내에 한하여 영장 없이 압수·수색 또는 검증을 할 수 있고(형사소송법 제217조 제1항), 압수한 물건을 계속 압수할 필요가 있는 경우에는 지체 없이 압수수색영장을 청구하여야 한다. 이 경우 압수수색영장의 청구는 체포한 때부터 48시간 이내에 하여야 한다(같은 조 제2항). …… **이 규정에 따른 압수 · 수색 또는 검증은 체포현장에서의 압수 · 수색 또는 검증을 규정하고 있는 형사소송법 제216조 제1항 제2호와 달리, 체포현장이 아닌 장소에서도 긴급체포된 자가 소유 · 소지 또는 보관하는 물건을 대상으로 할 수 있다**(대법원 2017.9.12, 2017도10309).

solution 할 수 있다.

●●○
## 047 현행범 체포 현장에서의 임의제출물의 압수

• 경찰1차 21, 경찰2차 19·21, 국가9급 20, 변호사시험 21

현행범 체포 현장이나 범죄 장소에서 소지자 등이 임의로 제출하는 물건은 영장 없이 압수할 수 있는데, 이 경우 검사나 사법경찰관은 사후에 영장을 받아야 하는가?

(판례) 검사 또는 사법경찰관은 형사소송법 제212조의 규정에 의하여 피의자를 현행범 체포하는 경우에 필요한 때에는 체포 현장에서 영장 없이 압수·수색·검증을 할 수 있으나, 이와 같이 압수한 물건을 계속 압수할 필요가 있는 경우에는 체포한 때부터 48시간 이내에 지체 없이 압수영장을 청구하여야 한다(제216조 제1항 제2호, 제217조 제2항). 그리고 검사 또는 사법경찰관이 범행 중 또는 범행 직후의 범죄 장소에서 긴급을 요하여 판사의 영장을 받을 수 없는 때에는 영장 없이 압수·수색 또는 검증을 할 수 있으나, 이 경우에는 사후에 지체 없이 영장을 받아야 한다(제216조 제3항). 다만 형사소송법 제218조에 의하면 검사 또는 사법경찰관은 피의자 등이 유류한 물건이나 소유자·소지자 또는 보관자가 임의로 제출한 물건은 영장 없이 압수할 수 있으므로, **현행범 체포 현장이나 범죄 장소에서도 소지자 등이 임의로 제출하는 물건은 형사소송법 제218조에 의하여 영장 없이 압수할 수 있고, 이 경우에는 검사나 사법경찰관이 사후에 영장을 받을 필요가 없다**(대법원 2016.2.18, 2015도13726; 2019.11.14, 2019도13290; 2020.4.9, 2019도17142).

solution 사후에 영장을 받을 필요가 없다.

보충 [사실관계] 검찰수사관들은 2014.5.29.경 피고인 甲이 ○○○○호가 예인하는 바지선 △△□□□□호를 타고 밀입국하면서 필로폰을 밀수한다는 제보를 받고, 6.1. 16:15경 고현항에 도착한 위 바지선을 수색하였다. 검찰수사관 A는 수색 도중 선용품창고 선반 위에 숨어 있던 甲을 발견하고 천천히 내려오게 한 후 필로폰을 둔 장소를 물었으나 대답을 듣지 못하였고, 때마침

바지선 내 다른 장소를 수색하던 다른 검찰수사관이 "물건이 여기 있다. 찾았다."라고 외치자, 16:30경 甲을 필로폰 밀수입 및 밀입국 등의 현행범으로 체포하였다. A는 곧바로 甲에게 발견된 필로폰 약 6.1kg을 제시하고 "필로폰을 임의제출하면 영장 없이 압수할 수 있고 압수될 경우 임의로 돌려받지 못하며, 임의제출하지 않으면 영장을 발부받아서 압수하여야 한다."라고 설명하면서 필로폰을 임의로 제출할 의사가 있는지를 물었고, 피고인으로부터 "그 정도는 저도 압니다."라는 말과 함께 승낙을 받아 필로폰을 압수하였으며, 같은 날 검찰청에서 임의제출확인서를 작성하여 피고인으로부터 서명·날인을 받았다. 검사는 압수한 필로폰에 관하여 사후 압수영장을 발부받지는 않고 현재까지 보관하고 있는데, 압수한 필로폰의 증거능력이 인정되는지가 문제된 사안이다(**증거능력 인정**)(2015도13726).

## 048 경찰이 「성폭력범죄의 처벌 등에 관한 특례법」 위반(카메라등이용촬영)죄의 피해자가 임의제출한 피고인 소유 · 관리의 휴대전화 2대의 전자정보를 탐색하다가 피해자를 촬영한 휴대전화가 아닌 다른 휴대전화에서 다른 피해자 2명에 대한 동종 범행 등에 관한 1년 전 사진 · 동영상을 발견하고 영장 없이 이를 복제한 CD를 증거로 제출한 사건

판례 1) 임의제출에 따른 전자정보 압수의 방법

수사기관의 전자정보에 대한 압수·수색은 원칙적으로 영장 발부의 사유로 된 범죄혐의사실과 관련된 부분만을 문서 출력물로 수집하거나 수사기관이 휴대한 정보저장매체에 해당 파일을 복제하는 방식으로 이루어져야 하고, 정보저장매체 자체를 직접 반출하거나 저장매체에 들어 있는 전자파일 전부를 하드카피나 이미징 등 형태(이하 '복제본'이라 한다)로 수사기관 사무실 등 외부로 반출하는 방식으로 압수·수색하는 것은 현장의 사정이나 전자정보의 대량성으로 인하여 관련 정보 획득에 긴 시간이 소요되거나 전문인력에 의한 기술적 조치가 필요한 경우 등 범위를 정하여 출력 또는 복제하는 방법이 불가능하거나 압수의 목적을 달성하기에 현저히 곤란하다고 인정되는 때에 한하여 예외적으로 허용될 수 있을 뿐이다(대법원 2015.7.16, 2011모1839 전원합의체 등).

**위와 같은 법리는 정보저장매체에 해당하는 임의제출물의 압수(형사소송법 제218조)에도 마찬가지로 적용**된다. 임의제출물의 압수는 압수물에 대한 수사기관의 점유 취득이 제출자의 의사에 따라 이루어진다는 점에서 차이가 있을 뿐 범죄혐의를 전제로 한 수사 목적이나 압수의 효력은 영장에 의한 경우와 동일하기 때문이다. 따라서 수사기관은 특정 범죄혐의와 관련하여 전자정보가 수록된 정보저장매체를 임의제출받아 그 안에 저장된 전자정보를 압수하는 경우 **그 동기가 된 범죄혐의사실과 관련된 전자정보의 출력물 등을 임의제출받아 압수하는 것이 원칙**이다. 다만 현장의 사정이나 전자정보의 대량성과 탐색의 어려움 등의 이유로 범위를 정하여 출력 또는 복제하는 방법이 불가능하거나 압수의 목적을 달성하기에 현저히 곤란하다고 인정되는 때에 한하여 **예외적으로 정보저장매체 자체나 복제본을 임의제출받아 압수**할 수 있다(대법원 2021.11.18, 2016도348 전원합의체).

2) 임의제출에 따른 전자정보 압수의 대상과 범위

가) 임의제출자의 의사 : 임의제출된 전자정보의 압수가 적법한 것은 어디까지나 제출자의 자유로운 제출의사에 근거한 것인 이상, 범죄혐의사실과 관련된 전자정보와 그렇지 않은 전자정보가 혼재되어 있는 정보저장매체나 복제본을 수사기관에 임의제출하는 경우 제출자는 제출 및 압수의 대상이 되는 전자정보를 개별적으로 지정하거나 그 범위를 한정할 수 있다. 이처럼 정보저장매체 내 전자정보의 임의제출 범위는 **제출자의 의사**에 따라 달라질 수 있는 만큼 이러한 정보저장매체를 임의제출받는 수사기관은 **제출자로부터 임의제출의 대상이 되는 전자정보의 범위를 확인함으로써 압수의 범위를 명확히 특정**하여야 한다. 나아가 헌법과 형사소송법이 구현하고자 하는 적법절차, 영장주의, 비례의 원칙은 물론, 사생활의 비밀과 자유, 정보에 대한 자기결정권 및 재산권의 보호라는 관점에서 정보저장매체 내 전자정보가 가지는 중요성에 비추어 볼 때, **정보저장매체를 임의제출하는 사람이 거기에 담긴 전자정보를 지정하거나 제출 범위를 한정하는 취지로 한 의사표시는 엄격하게 해석**하여야 하고, 확인되지 않은 제출자의 의사를 수사기관이 함부로 추단하는 것은 허용될 수 없다. 따라서 **수사기관이 제출자의 의사를 쉽게 확인할 수 있음에도 이를**

**확인하지 않은 채 특정 범죄혐의사실과 관련된 전자정보와 그렇지 않은 전자정보가 혼재된 정보저장매체를 임의제출받은 경우, 그 정보저장매체에 저장된 전자정보 전부가 임의제출되어 압수된 것으로 취급할 수는 없다.** 이 경우 제출자의 임의제출 의사에 따라 압수의 대상이 되는 전자정보의 범위를 어떻게 특정할 것인지가 문제 된다(대법원 2021.11.18, 2016도348 전원합의체).

나) 임의제출에 따른 압수의 동기가 된 범죄혐의사실과 관련된 전자정보 : 수사기관은 피의사실과 관계가 있다고 인정할 수 있는 것에 한정하여 증거물 또는 몰수할 것으로 사료하는 물건을 압수할 수 있다(형사소송법 제219조, 제106조). 따라서 전자정보를 압수하고자 하는 수사기관이 정보저장매체와 거기에 저장된 전자정보를 임의제출의 방식으로 압수할 때, 제출자의 구체적인 제출 범위에 관한 의사를 제대로 확인하지 않는 등의 사유로 인해 **임의제출자의 의사에 따른 전자정보 압수의 대상과 범위가 명확하지 않거나 이를 알 수 없는 경우**에는 **임의제출에 따른 압수의 동기가 된 범죄혐의사실과 관련되고 이를 증명할 수 있는 최소한의 가치가 있는 전자정보에 한하여 압수의 대상**이 된다. 이때 범죄혐의사실과 관련된 전자정보에는 범죄혐의사실 그 자체 또는 그와 기본적 사실관계가 동일한 범행과 직접 관련되어 있는 것은 물론 범행 동기와 경위, 범행 수단과 방법, 범행 시간과 장소 등을 증명하기 위한 간접증거나 정황증거 등으로 사용될 수 있는 것도 포함될 수 있다. 다만 그 관련성은 임의제출에 따른 압수의 동기가 된 범죄혐의사실의 내용과 수사의 대상, 수사의 경위, 임의제출의 과정 등을 종합하여 구체적·개별적 연관관계가 있는 경우에만 인정되고, 범죄혐의사실과 단순히 동종 또는 유사 범행이라는 사유만으로 관련성이 있다고 할 것은 아니다(대법원 2021.8.26, 2021도2205)(대법원 2021.11.18, 2016도348 전원합의체).

다) 불법촬영 범죄 등의 경우 임의제출된 전자정보 압수의 범위 : 범죄혐의사실과 관련된 전자정보인지를 판단할 때는 범죄혐의사실의 내용과 성격, 임의제출의 과정 등을 토대로 구체적·개별적 연관관계를 살펴볼 필요가 있다. 특히 카메라의 기능과 정보저장매체의 기능을 함께 갖춘 휴대전화인 스마트폰을 이용한 불법촬영 범죄와 같이 범죄의 속성상 해당 범행의 상습성이 의심되거나 성적 기호 내지 경향성의 발현에 따른 일련의 범행의 일환으로 이루어진 것으로 의심되고, **범행의 직접증거가 스마트폰 안에 이미지 파일이나 동영상 파일의 형태로 남아 있을 개연성이 있는 경우에는 그 안에 저장되어 있는 같은 유형의 전자정보**에서 그와 관련한 유력한 간접증거나 정황증거가 발견될 가능성이 높다는 점에서 이러한 간접증거나 정황증거는 **범죄혐의사실과 구체적·개별적 연관관계**를 인정할 수 있다. 이처럼 범죄의 대상이 된 피해자의 인격권을 현저히 침해하는 성격의 전자정보를 담고 있는 불법촬영물은 범죄행위로 인해 생성된 것으로서 몰수의 대상이기도 하므로 임의제출된 휴대전화에서 해당 전자정보를 신속히 압수·수색하여 불법촬영물의 유통 가능성을 적시에 차단함으로써 피해자를 보호할 필요성이 크다. 나아가 이와 같은 경우에는 간접증거나 정황증거이면서 몰수의 대상이자 압수·수색의 대상인 전자정보의 유형이 이미지 파일 내지 동영상 파일 등으로 비교적 명확하게 특정되어 그와 무관한 사적 전자정보 전반의 압수·수색으로 이어질 가능성이 적어 상대적으로 폭넓게 관련성을 인정할 여지가 많다는 점에서도 그러하다(대법원 2021.11.18, 2016도348 전원합의체).

라) 피의자 아닌 사람이 피의자가 소유·관리하는 정보저장매체를 임의제출한 경우 전자정보 압수의 범위 : **피의자가 소유·관리하는 정보저장매체를 피의자 아닌 피해자 등 제3자가 임의제출하는 경우**에는, 그 임의제출 및 그에 따른 수사기관의 압수가 적법하더라도 **임의제출의 동기가 된 범죄혐의사실과 구체적·개별적 연관관계가 있는 전자정보에 한하여 압수의 대상이 되는 것으로 더욱 제한적으로 해석**하여야 한다. 임의제출의 주체가 소유자 아닌 소지자·보관자이고 그 제출행위로 소유자의 사생활의 비밀 기타 인격적 법익이 현저히 침해될 우려가 있는 경우에는 임의제출에 따른 압수·수색의 필요성과 함께 임의제출에 동의하지 않은 소유자의 법익에 대한 특별한 배려도 필요한바(대법원 1999.9.3, 98도968; 2008.5.15, 2008도1097; 2013.9.26, 2013도7718 등), 피의자 개인이 소유·관리하는 정보저장매체에는 그의 사생활의 비밀과 자유, 정보에 대한 자기결정권 등 인격적 법익에 관한 모든 것이 저장되어 있어 제한 없이 압수·수색이 허용될 경우 피의자의 인격적 법익이 현저히 침해될 우려가 있기 때문이다. 그러므로 임의제출자인 제3자가 제출의 동기가 된 범죄혐의사실과 구체적·개별적 연관관계가 인정되는 범위를 넘는 전자정보까지 일괄하여 임의제출한다는 의사를 밝혔더라도, 그 정보저장매체 내 전자정보 전반에 관한 처분권이 그 제3자에게 있거

나 그에 관한 피의자의 동의 의사를 추단할 수 있는 등의 **특별한 사정이 없는 한, 그 임의제출을 통해 수사기관이 영장 없이 적법하게 압수할 수 있는 전자정보의 범위는 범죄혐의사실과 관련된 전자정보에 한정된다**고 보아야 한다(대법원 2021.11.18, 2016도348 전원합의체).

3) 전자정보 탐색 · 복제 · 출력 시 피의자의 참여권 보장 및 전자정보 압수목록 교부 -

**압수의 대상이 되는 전자정보와 그렇지 않은 전자정보가 혼재된 정보저장매체나 그 복제본을 임의제출받은 수사기관이 그 정보저장매체 등을 수사기관 사무실 등으로 옮겨 이를 탐색 · 복제 · 출력하는 경우,** 그와 같은 일련의 과정에서 형사소송법 제219조, 제121조에서 규정하는 **피압수 · 수색 당사자(이하 '피압수자'라 한다)나 그 변호인에게 참여의 기회를 보장**하고 **압수된 전자정보의 파일 명세가 특정된 압수목록을 작성 · 교부**하여야 하며 **범죄혐의사실과 무관한 전자정보의 임의적인 복제 등을 막기 위한 적절한 조치**를 취하는 등 영장주의 원칙과 적법절차를 준수하여야 한다. **만약 그러한 조치가 취해지지 않았다면** 피압수자 측이 참여하지 아니한다는 의사를 명시적으로 표시하였거나 임의제출의 취지와 경과 또는 그 절차 위반행위가 이루어진 과정의 성질과 내용 등에 비추어 피압수자 측에 절차 참여를 보장한 취지가 실질적으로 침해되었다고 볼 수 없을 정도에 해당한다는 등의 특별한 사정이 없는 이상 **압수 · 수색이 적법하다고 평가할 수 없고, 비록 수사기관이 정보저장매체 또는 복제본에서 범죄혐의사실과 관련된 전자정보만을 복제 · 출력하였다 하더라도 달리 볼 것은 아니다**(위 2011모1839 전원합의체; 대법원 2020.11.17, 2019모291 등).

**나아가 피해자 등 제3자가 피의자의 소유 · 관리에 속하는 정보저장매체를 영장에 의하지 않고 임의제출한 경우에는 실질적 피압수자인 피의자**가 수사기관으로 하여금 그 전자정보 전부를 무제한 탐색하는 데 동의한 것으로 보기 어려울 뿐만 아니라 피의자 스스로 임의제출한 경우 피의자의 참여권 등이 보장되어야 하는 것과 견주어 보더라도 특별한 사정이 없는 한 형사소송법 제219조, 제121조, 제129조에 따라 **피의자에게 참여권을 보장하고 압수한 전자정보 목록을 교부하는 등 피의자의 절차적 권리를 보장하기 위한 적절한 조치가 이루어져야 한다**(대법원 2021.11.18, 2016도348 전원합의체).

4) 임의제출된 정보저장매체 탐색 과정에서 무관정보 발견 시 필요한 조치 · 절차

앞서 본 바와 같이 임의제출된 정보저장매체에서 압수의 대상이 되는 전자정보의 범위를 초과하여 수사기관이 임의로 전자정보를 탐색 · 복제 · 출력하는 것은 원칙적으로 위법한 압수 · 수색에 해당하므로 허용될 수 없다. 만약 전자정보에 대한 압수 · 수색이 종료되기 전에 범죄혐의사실과 관련된 전자정보를 적법하게 탐색하는 과정에서 별도의 범죄혐의와 관련된 전자정보를 우연히 발견한 경우라면, 수사기관은 더 이상의 추가 탐색을 중단하고 법원으로부터 별도의 범죄혐의에 대한 압수 · 수색영장을 발부받은 경우에 한하여 그러한 정보에 대하여도 적법하게 압수 · 수색을 할 수 있다. 따라서 **임의제출된 정보저장매체에서 압수의 대상이 되는 전자정보의 범위를 넘어서는 전자정보에 대해 수사기관이 영장 없이 압수 · 수색하여 취득한 증거는 위법수집증거**에 해당하고, **사후에 법원으로부터 영장이 발부되었다거나 피고인이나 변호인이 이를 증거로 함에 동의하였다고 하여 그 위법성이 치유되는 것도 아니다**(대법원 2021.11.18, 2016도348 전원합의체).

5) 판단

피고인이 2014. 12. 11. 피해자 甲을 상대로 저지른 성폭력범죄의 처벌 등에 관한 특례법 위반(카메라등이용촬영) 범행(이하 '2014년 범행')에 대하여 甲이 즉시 피해 사실을 경찰에 신고하면서 피고인의 집에서 가지고 나온 피고인 소유의 휴대전화 2대에 피고인이 촬영한 동영상과 사진이 저장되어 있다는 취지로 말하고 이를 범행의 증거물로 임의제출하였는데, 경찰이 이를 압수한 다음 그 안에 저장된 전자정보를 탐색하다가 甲을 촬영한 휴대전화가 아닌 다른 휴대전화에서 피고인이 2013. 12.경 피해자 乙, 丙을 상대로 저지른 같은 법 위반(카메라등이용촬영) 범행(이하 '2013년 범행')을 발견하고 그에 관한 동영상 · 사진 등을 영장 없이 복제한 CD를 증거로 제출한 사안에서, 甲은 경찰에 피고인의 휴대전화를 증거물로 제출할 당시 그 안에 수록된 전자정보의 제출 범위를 명확히 밝히지 않았고, 담당 경찰관들도 제출자로부터 그에 관한 확인절차를 거치지 않은 이상 휴대전화에 담긴 전자정보의 제출 범위에 관한 제출자의 의사가 명확하지 않거나 이를 알 수 없는 경우에 해당하므로, 휴대전화에 담긴 전자정보 중 **임의제출을 통해 적법하게 압수된 범위는 임의제출 및 압수의 동기가 된 피고인의 2014년 범행 자체와 구체적 · 개별적 연관관계가 있는 전자정보로 제한적으로 해석**하는 것이 타당하고, 이에 비추어 볼 때 범죄발생 시점 사이에 상당

한 간격이 있고 피해자 및 범행에 이용한 휴대전화도 전혀 다른 피고인의 2013년 범행에 관한 동영상은 임의제출에 따른 압수의 동기가 된 범죄혐의사실(2014년 범행)과 구체적 · 개별적 연관관계 있는 전자정보로 보기 어려워 수사기관이 사전영장 없이 이를 취득한 이상 증거능력이 없고, 사후에 압수·수색영장을 받아 압수절차가 진행되었더라도 달리 볼 수 없으므로, 피고인의 2013년 범행을 무죄로 판단한 원심의 결론은 정당하다(대법원 2021.11.18, 2016도348 전원합의체).

## 049 경찰이 지하철 내에서 여성을 촬영한 혐의로 임의제출받은 휴대전화를 복원하여 주택에서 몰래 당시 교제 중이던 여성의 나체와 음부를 촬영한 동영상을 발견하고 이를 함께 기소한 사건

(판례) 공중밀집장소인 지하철 내에서 여성을 촬영한 행위와 다세대 주택에서 몰래 당시 교제 중이던 여성의 나체와 음부를 촬영한 행위는 범행 시간과 장소뿐만 아니라 범행 동기와 경위, 범행 수단과 방법 등을 달리하므로, 간접증거와 정황증거를 포함하는 구체적·개별적 연관관계 있는 관련 증거의 법리에 의하더라도, 여성의 나체와 음부가 촬영된 사진은 임의제출에 따른 압수의 동기가 된 범죄혐의사실과 구체적 · 개별적 연관관계 있는 전자정보로 보기 어렵고, 위 사진 및 이 사건 휴대전화에서 삭제된 전자정보를 복원하여 이를 복제한 시디는 경찰이 피압수자인 피고인에게 참여의 기회를 부여하지 않은 상태에서 임의로 탐색 · 복제 · 출력한 전자정보로서, 피고인에게 압수한 전자정보 목록을 교부하거나 피고인이 그 과정에 참여하지 아니할 의사를 가지고 있는지 여부를 확인한 바가 없으므로, 수사기관이 영장 없이 이를 취득한 이상 증거능력이 없다(대법원 2021.11.25, 2016도82).

## 050 경찰이 피해자로부터 피고인이 모텔 방실에 침입한 혐의로 임의제출받은 위장형 카메라의 메모리카드를 탐색하다가 다른 3개 호실에 설치된 위장형 카메라의 메모리카드에서 「성폭력범죄의 처벌 등에 관한 특례법」 위반(카메라등이용촬영) 범행에 관한 영상을 발견하고 이를 함께 기소한 사건

(판례) 이 사건 각 위장형 카메라에 저장된 모텔 내 3개 호실에서 촬영된 영상은 임의제출에 따른 압수의 동기가 된 다른 호실에서 촬영한 범행과 범행의 동기와 경위, 범행 수단과 방법 등을 증명하기 위한 간접증거나 정황증거 등으로 사용될 수 있으므로 구체적·개별적 연관관계가 인정되어 관련성이 있는 증거에 해당하고, 임의제출된 이 사건 각 위장형 카메라 및 그 메모리카드에 저장된 전자정보처럼 오직 불법촬영을 목적으로 방실 내 나체나 성행위 모습을 촬영할 수 있는 벽 등에 은밀히 설치되고, 촬영대상 목표물의 동작이 감지될 때에만 카메라가 작동하여 촬영이 이루어지는 등, 그 설치 목적과 장소, 방법, 기능, 작동원리상 소유자의 사생활의 비밀 기타 인격적 법익의 관점에서 그 소지·보관자의 임의제출에 따른 적법한 압수의 대상이 되는 전자정보와 구별되는 별도의 보호 가치 있는 전자정보의 혼재 가능성을 상정하기 어려운 경우에는 위 소지·보관자의 임의제출에 따른 통상의 압수절차 외에 별도의 조치가 따로 요구된다고 보기는 어렵다. 즉, 위장형 카메라 등 특수한 정보저장매체의 경우 위 2016도348 전원합의체 판결의 경우와 달리 수사기관이 임의제출받은 정보저장매체가 그 기능과 속성상 임의제출에 따른 적법한 압수의 대상이 되는 전자정보와 그렇지 않은 전자정보가 혼재될 여지가 거의 없어 사실상 대부분 압수의 대상이 되는 전자정보만이 저장되어 있는 경우에는 소지 · 보관자의 임의제출에 따른 통상의 압수절차 외에 피압수자에게 참여의 기회를 보장하지 않고 전자정보 압수목록을 작성 · 교부하지 않았다는 점만으로 곧바로 증거능력을 부정할 것은 아니다(대법원 2021.11.25, 2019도7342).

## 051 제3자가 임의제출한 정보저장매체에 저장된 전자정보 및 금융계좌추적용 압수 · 수색영장 집행 결과의 증거능력 인정 여부에 관한 사건

(판례) [1] 대법원 2021.11.18, 2016도348 전원합의체 판결에서 정보저장매체를 임의제출한 피압수자에 더하여 임의제출자 아닌 피의자에게도 참여권이 보장되어야 하는 경우로 설시한 '피의자의 소유 · 관리에 속하는 정보저장매체'의 구체적 의미와 판단 기준

압수의 대상이 되는 전자정보와 그렇지 않은 전자정보가 혼재된 정보저장매체나 그 복제본을 임의제출받은 수사기관이 그 정보저장매체 등을 수사기관 사무실 등으로 옮겨 이를 탐색 · 복제 · 출력하는 경우, 그와 같은 일련의 과정에서 형사소송법 제219조, 제121조에서 규정하는 **피압수 · 수색 당사자(이하 '피압수자'라 한다)나 그 변호인에게 참여의 기회를 보장**하고 압수된 전자정보의 파일 명세가 특정된 압수목록을 작성 · 교부하여야 하며 범죄혐의사실과 무관한 전자정보의 임의적인 복제 등을 막기 위한 적절한 조치를 취하는 등 영장주의 원칙과 적법절차를 준수하여야 한다. 만약 그러한 조치가 취해지지 않았다면 피압수자 측이 참여하지 아니한다는 의사를 명시적으로 표시하였거나 임의제출의 취지와 경과 또는 그 절차 위반행위가 이루어진 과정의 성질과 내용 등에 비추어 피압수자 측에 절차 참여를 보장한 취지가 실질적으로 침해되었다고 볼 수 없을 정도에 해당한다는 등의 특별한 사정이 없는 이상 압수 · 수색이 적법하다고 평가할 수 없고, 비록 수사기관이 정보저장매체 또는 복제본에서 범죄혐의사실과 관련된 전자정보만을 복제 · 출력하였다 하더라도 달리 볼 것은 아니다.

나아가 **피해자 등 제3자가 피의자의 소유 · 관리에 속하는 정보저장매체를 영장에 의하지 않고 임의제출한 경우**에는 실질적 피압수자인 피의자가 수사기관으로 하여금 그 전자정보 전부를 무제한 탐색하는 데 동의한 것으로 보기 어려울 뿐만 아니라 피의자 스스로 임의제출한 경우 피의자의 참여권 등이 보장되어야 하는 것과 견주어 보더라도 특별한 사정이 없는 한 형사소송법 제219조, 제121조, 제129조에 따라 **피의자에게 참여권을 보장**하고 압수한 전자정보 목록을 교부하는 등 피의자의 절차적 권리를 보장하기 위한 적절한 조치가 이루어져야 한다(대법원 2021.11.18, 2016도348 전원합의체 등).

이와 같이 정보저장매체를 임의제출한 피압수자에 더하여 임의제출자 아닌 피의자에게도 참여권이 보장되어야 하는 '피의자의 소유 · 관리에 속하는 정보저장매체'라 함은, 피의자가 압수 · 수색 당시 또는 이와 시간적으로 근접한 시기까지 해당 정보저장매체를 현실적으로 지배 · 관리하면서 그 정보저장매체 내 전자정보 전반에 관한 전속적인 관리처분권을 보유 · 행사하고, 달리 이를 자신의 의사에 따라 제3자에게 양도하거나 포기하지 아니한 경우로써, **피의자를 그 정보저장매체에 저장된 전자정보에 대하여 실질적인 압수 · 수색 당사자로 평가할 수 있는 경우**를 말하는 것이다. 이에 해당하는지 여부는 민사법상 권리의 귀속에 따른 법률적 · 사후적 판단이 아니라 **압수 · 수색 당시 외형적 · 객관적으로 인식 가능한 사실상의 상태를 기준**으로 판단하여야 한다. 이러한 정보저장매체의 외형적 · 객관적 지배 · 관리 등 상태와 별도로 **단지 피의자나 그 밖의 제3자가 과거 그 정보저장매체의 이용 내지 개별 전자정보의 생성 · 이용 등에 관여한 사실이 있다거나 그 과정에서 생성된 전자정보에 의해 식별되는 정보주체에 해당한다는 사정만으로 그들을 실질적으로 압수 · 수색을 받는 당사자로 취급하여야 하는 것은 아니다**(대법원 2022.1.27, 2021도11170).

[2] 금융계좌추적용 압수 · 수색영장의 집행에 있어서 모사전송 내지 전자적 송수신 방식으로 금융거래정보 제공요구 및 자료 회신이 이루어진 후 그 중 범죄혐의사실과 관련된 금융거래로 선별된 자료에 대하여 영장 원본 제시 등의 압수절차가 집행된 경우 영장의 적법한 집행 방법으로 인정하기 위한 요건

수사기관의 압수 · 수색은 법관이 발부한 압수 · 수색영장에 의하여야 하는 것이 원칙이고, **영장의 원본은 처분을 받는 자에게 반드시 제시**되어야 하므로(대법원 2017.9.7, 2015도10648; 2019.3.14, 2018도2841 등), **금융계좌추적용 압수 · 수색영장의 집행에 있어서도** 수사기관이 금융기관으로부터 금융거래자료를 수신하기에 앞서 **금융기관에 영장 원본을 사전에 제시**하지 않았다면 **원칙적으로 적법한 집행 방법이라고 볼 수는 없다. 다만,** 수사기관이 금융기관에 「금융실명거래 및 비밀보장에 관한 법률」(이하 '금융실명법'이라 한다) 제4조 제2항에 따라서 **금융거래정보에 대하여 영장 사본을 첨부하여 그 제공을 요구**한 결과 금융기관으로부터 회신받은 금융거래자료가 해당 영장의 집행 대상과 범위에 포함되어 있고, 이러한 **모사전송 내지 전자적**

송수신 방식의 금융거래정보 제공요구 및 자료 회신의 전 과정이 해당 금융기관의 자발적 협조의사에 따른 것이며, 그 자료 중 범죄혐의사실과 관련된 금융거래를 선별하는 절차를 거친 후 **최종적으로 영장 원본을 제시하고 위와 같이 선별된 금융거래자료에 대한 압수절차가 집행된** 경우로서, 그 과정이 금융실명법에서 정한 방식에 따라 이루어지고 달리 적법절차와 영장주의 원칙을 잠탈하기 위한 의도에서 이루어진 것이라고 볼 만한 사정이 없어, 이러한 일련의 과정을 **전체적으로 '하나의 영장에 기하여 적시에 원본을 제시하고 이를 토대로 압수·수색하는 것'으로 평가할 수 있는 경우에 한하여, 예외적으로 영장의 적법한 집행 방법에 해당한다**고 볼 수 있다(대법원 2022.1.27, 2021도11170).

보충 ① ㉠ 이 사건 각 PC의 임의제출에 따른 압수·수색 당시 외형적·객관적으로 인식 가능한 사실상의 상태를 기준으로 볼 때, 이 사건 각 PC나 거기에 저장된 전자정보가 피고인의 소유·관리에 속한 경우에 해당하지 않고, 오히려 이 사건 각 PC에 저장된 전자정보 전반에 관하여 당시 대학교 측이 포괄적인 관리처분권을 사실상 보유·행사하고 있는 상태에 있었다고 인정된다고 보아, 이 사건 각 PC에 저장된 전자정보의 압수·수색은 대법원 2016도348 전원합의체 판결이 설시한 법리에 따르더라도 피의자에게 참여권을 보장하여야 하는 경우에 해당하지 아니한다. ㉡ 이러한 정보저장매체에 대한 지배·관리 등의 상태와 무관하게 개별 전자정보의 생성·이용 등에 관여한 자들 혹은 그 과정에서 생성된 전자정보에 의해 식별되는 사람으로서 그 정보의 주체가 되는 사람들에게까지 모두 참여권을 인정하여야 한다는 취지의 피고인의 주장을 받아들일 수 없다.
② 이 사건 각 금융계좌추적용 압수·수색영장의 집행 과정을 살펴보면, 수사기관이 금융기관으로부터 금융거래자료를 수신하기에 앞서 영장 원본을 사전에 제시하지 않았다고 하더라도 그 후 범죄혐의사실과 관련된 자료의 선별 절차를 거친 후 최종적으로 영장 원본을 제시하고 그 선별된 자료를 직접 압수하는 일련의 과정이 전체적으로 하나의 영장에 기하여 적시에 원본을 제시하고 이를 토대로 영장의 당초 집행 대상과 범위 내에서 이를 압수·수색한 것으로 평가할 수 있는 경우에 해당하고, 수사기관이 적법절차와 영장주의 원칙을 잠탈하려는 의도에서 위와 같은 방법으로 집행하였다고 인정할 만한 사정도 보이지 아니한다.

●●○

## 052 압수물 가환부 청구에 대하여 검사는 원칙적으로 응하여야 한다는 사례

• 경찰2차 20, 국가7급 18·21

다음은 대법원 2017.9.29, 2017모236 결정을 문제로 만든 것이다. 잘 읽고 물음에 답하시오.
[제1문] 검사는 증거에 사용할 압수물에 대하여 가환부의 청구가 있는 경우, 원칙적으로 가환부 청구에 응하여야 하는가?
[제2문] 피의자들이 밀수출하기 위해 허위의 수출신고 후 선적하려다 미수에 그친 수출물품으로서 甲 주식회사 소유의 렌트차량인 자동차를 세관의 특별사법경찰관이 압수수색검증영장에 기해 압수하였는데, 甲 회사와 밀수출범죄 사이에 아무런 관련성이 발견되지 않음에도 검사는 甲 회사가 제기한 압수물 가환부 청구를 거부하였다. 검사는 가환부 청구에 응하여야 하는가?

[제1문]
판례 형사소송법 제218조의2 제1항은 **'검사는 사본을 확보한 경우 등 압수를 계속할 필요가 없다고 인정되는 압수물 및 증거에 사용할 압수물에 대하여 공소제기 전이라도 소유자, 소지자, 보관자 또는 제출인의 청구가 있는 때에는 환부 또는 가환부하여야 한다'**고 규정하고 있다. 따라서 검사는 증거에 사용할 압수물에 대하여 가환부의 청구가 있는 경우 가환부를 거부할 수 있는 특별한 사정이 없는 한 가환부에 응하여야 한다. 그리고 그러한 특별한 사정이 있는지는 범죄의 태양, 경중, 몰수 대상인지 여부, 압수물의 증거로서의 가치, 압수물의 은닉·인멸·훼손될 위험, 수사나 공판수행상의 지장 유무, 압수에 의하여 받는 피압수자 등의 불이익의 정도 등 여러 사정을 검토하여 종합적으로 판단하여야 한다.

solution 원칙적으로 가환부 청구에 응하여야 한다.

[제2문]
판례 피의자들이 밀수출하기 위해 허위의 수출신고 후 선적하려다 미수에 그친 수출물품으로서 甲 주식

회사 소유의 렌트차량인 자동차를 세관의 특별사법경찰관이 압수수색검증영장에 기해 압수하였는데, 갑 회사와 밀수출범죄 사이에 아무런 관련성이 발견되지 않음에도 검사가 甲 회사의 압수물 가환부 청구를 거부하자 甲 회사가 준항고를 제기하여 원심에서 준항고가 인용되었다. 자동차는 범인이 간접으로 점유하는 물품으로서 필요적 몰수의 대상인데 **밀수출범죄와 무관한 甲 회사의 소유이어서 범인에 대한 몰수는 범인으로 하여금 소지를 못하게 함에 그치는 점** 및 밀수출범죄의 태양이나 경중, 자동차의 증거로서의 가치, 은닉·인멸·훼손될 위험과 그로 인한 수사나 공판수행상의 지장 유무, 압수에 의하여 받는 甲 회사의 불이익 정도 등 여러 사정을 아울러 감안하면, **검사에게 甲 회사의 가환부 청구를 거부할 수 있는 특별한 사정이 있는 경우라고 보기 어려우므로, …… 원심이 준항고를 받아들인 것은 결론적으로 정당하다.**

solution 가환부 청구에 응하여야 한다.

●●○

## 053 강제 채뇨 사건

• 경찰2차 21, 경찰3차 18, 국가9급 21, 국가9급개론 21

**피고인이 메트암페타민(일명 '필로폰')을 투약하였다는 마약류 관리에 관한 법률 위반(향정) 혐의에 관하여, 피고인의 소변(30cc), 모발(약 80수), 마약류 불법사용 도구 등에 대한 압수·수색·검증영장을 발부받은 다음 경찰관이 피고인의 주거지를 수색하여 사용 흔적이 있는 주사기 4개를 압수하고, 위 영장에 따라 3시간 가량 소변과 모발을 제출하도록 설득하였음에도 피고인이 계속 거부하면서 자해를 하자 이를 제압하고 수갑과 포승을 채운 뒤 강제로 병원 응급실로 데리고 가 의사의 지시를 받은 응급구조사로 하여금 피고인의 신체에서 소변(30cc)을 채취하도록 하여 이를 압수한 경우, 피고인의 소변에 대한 압수영장 집행은 적법한가?**

판례 강제 채뇨는 피의자가 임의로 소변을 제출하지 않는 경우 피의자에 대하여 강제력을 사용해서 도뇨관(catheter)을 요도를 통하여 방광에 삽입한 뒤 체내에 있는 소변을 배출시켜 소변을 취득·보관하는 행위이다. 수사기관이 범죄 증거를 수집할 목적으로 하는 강제 채뇨는 피의자의 신체에 직접적인 작용을 수반할 뿐만 아니라 피의자에게 신체적 고통이나 장애를 초래하거나 수치심이나 굴욕감을 줄 수 있다. **따라서 피의자에게 범죄 혐의가 있고 그 범죄가 중대한지, 소변성분 분석을 통해서 범죄 혐의를 밝힐 수 있는지, 범죄 증거를 수집하기 위하여 피의자의 신체에서 소변을 확보하는 것이 필요한 것인지, 채뇨가 아닌 다른 수단으로는 증명이 곤란한지 등을 고려하여 범죄 수사를 위해서 강제 채뇨가 부득이하다고 인정되는 경우에 최후의 수단으로 적법한 절차에 따라 허용된다**고 보아야 한다. 이때 의사, 간호사, 그 밖의 숙련된 의료인 등으로 하여금 소변 채취에 적합한 의료장비와 시설을 갖춘 곳에서 피의자의 신체와 건강을 해칠 위험이 적고 피의자의 굴욕감 등을 최소화하는 방법으로 소변을 채취하여야 한다. …… **수사기관이 범죄 증거를 수집할 목적으로 피의자의 동의 없이 피의자의 소변을 채취하는 것은 법원으로부터 감정허가장을 받아 형사소송법 제221조의4 제1항, 제173조 제1항에서 정한 '감정에 필요한 처분'으로 할 수 있지만**(피의자를 병원 등에 유치할 필요가 있는 경우에는 형사소송법 제221조의3에 따라 법원으로부터 감정유치장을 받아야 한다), **형사소송법 제219조, 제106조 제1항, 제109조에 따른 압수·수색의 방법으로도 할 수 있다.** 이러한 압수·수색의 경우에도 수사기관은 원칙적으로 형사소송법 제215조에 따라 판사로부터 압수·수색영장을 적법하게 발부받아 집행해야 한다. **압수·수색의 방법으로 소변을 채취하는 경우 압수대상물인 피의자의 소변을 확보하기 위한 수사기관의 노력에도 불구하고, 피의자가 인근 병원 응급실 등 소변 채취에 적합한 장소로 이동하는 것에 동의하지 않거나 저항하는 등 임의동행을 기대할 수 없는 사정이 있는 때에는 수사기관으로서는 소변 채취에 적합한 장소로 피의자를 데려가기 위해서 필요 최소한의 유형력을 행사하는 것이 허용된다.** 이는 형사소송법 제219조, 제120조 제1항에서 정한 '압수·수색영장의 집

**행에 필요한 처분'에 해당한다**고 보아야 한다. 그렇지 않으면 피의자의 신체와 건강을 해칠 위험이 적고 피의자의 굴욕감을 최소화하기 위하여 마련된 절차에 따른 강제 채뇨가 불가능하여 압수영장의 목적을 달성할 방법이 없기 때문이다. …… 피고인에 대한 피의사실이 중대하고 객관적 사실에 근거한 명백한 범죄 혐의가 있었다고 보이고, 경찰관의 장시간에 걸친 설득에도 피고인이 소변의 임의 제출을 거부하면서 판사가 적법하게 발부한 압수영장의 집행에 저항하자 경찰관이 다른 방법으로 수사 목적을 달성하기 곤란하다고 판단하여 강제로 피고인을 소변 채취에 적합한 장소인 인근 병원 응급실로 데리고 가 의사의 지시를 받은 응급구조사로 하여금 피고인의 신체에서 소변을 채취하도록 하였으며, 그 과정에서 피고인에 대한 강제력의 행사가 필요 최소한도를 벗어나지 않았으므로, **경찰관의 조치는 형사소송법 제219조, 제120조 제1항에서 정한 '압수영장의 집행에 필요한 처분'으로서 허용되고, 한편 경찰관이 압수영장을 집행하기 위하여 피고인을 병원 응급실로 데리고 가는 과정에서 공무집행에 항거하는 피고인을 제지하고 자해 위험을 방지하기 위해 수갑과 포승을 사용한 것은 경찰관 직무집행법에 따라 허용되는 경찰장구의 사용으로서 적법하다**(대법원 2018.7.12, 2018도6219).

solution 적법하다.

## 3 수사상의 증거보전

CHAPTER 03

# 수사의 종결

## 1 사법경찰관과 검사의 수사종결

●●○

### 054 재정신청 기각결정에 대한 재항고나 그 재항고 기각결정에 대한 즉시항고로서의 재항고에 대한 법정기간 준수 여부에 재소자 피고인 특칙이 준용되는지 여부

• 국가7급 11

재소자인 피고인이 재정신청 기각결정에 대한 재항고나 그 재항고 기각결정에 대한 즉시항고로서의 재항고를 하는 경우에 법정기간의 준수 여부는 ① 도달주의 원칙에 따라 재항고장이나 즉시항고장이 법원에 도달한 시점을 기준으로 판단하여야 하는가, 아니면 ② 재소자 피고인 특칙이 준용되어 교도소장이나 구치소장 또는 그 직무를 대리하는 사람에게 이를 제출한 때를 기준으로 판단하여야 하는가? (①, ② 중 택일)

판례 [다수의견] 형사소송절차에서 법원에 제출하는 서류는 법원에 도달하여야 제출의 효과가 발생하며, 각종 서류의 제출에 관하여 법정기간의 준수 여부를 판단할 때에도 당연히 해당 서류가 법원에 도달한 시점을 기준으로 하여야 한다. 한편 형사소송법은 이러한 도달주의 원칙에 대한 예외로서, 교도소 또는 구치소에 있는 피고인(이하 '재소자 피고인'이라 한다)이 제출하는 상소장에 대하여 상소의 제기기간 내에 교도소장이나 구치소장 또는 그 직무를 대리하는 사람에게 이를 제출한 때에 상소의 제기기간 내에 상소한 것으로 간주하는 재소자 피고인에 대한 특칙(제344조 제1항, 이하 '재소자 피고인 특칙'이라 한다)을 두고 있다. 그런데 형사소송법은 상소장 외에 재소자가 제출하는 다른 서류에 대하여는 재소자 피고인 특칙을 일반적으로 적용하거나 준용하지 아니하고, 상소권회복의 청구 또는 상소의 포기나 취하(제355조), 항소이유서 및 상고이유서 제출(제361조의3 제1항, 제379조 제1항), 재심의 청구와 취하(제430조), 소송비용의 집행면제 신청, 재판의 해석에 대한 의의(疑義)신청과 재판의 집행에 대한 이의신청 및 취하(제490조 제2항) 등의 경우에 개별적으로 재소자 피고인 특칙을 준용하는 규정을 두고 있으며, 재정신청절차에 대하여는 재소자 피고인 특칙의 준용 규정을 두고 있지 아니하다.
법정기간 준수에 대하여 도달주의 원칙을 정하고 재소자 피고인 특칙의 예외를 개별적으로 인정한 형사소송법의 규정 내용과 입법 취지, 재정신청절차가 형사재판절차와 구별되는 특수성, 법정기간 내의 도달주의를 보완할 수 있는 여러 형사소송법상 제도 및 신속한 특급우편제도의 이용 가능성 등을 종합하여 보면, 재정신청 기각결정에 대한 재항고나 그 재항고 기각결정에 대한 즉시항고로서의 재항고에 대한 법정기간의 준수 여부는 도달주의 원칙에 따라 재항고장이나 즉시항고장이 법원에 도달한 시점을 기준으로 판단하여야 하고, 거기에 재소자 피고인 특칙은 준용되지 아니한다(대법원 2015.7.16, 2013모2347 전원합의체).

solution ① 재항고장이나 즉시항고장이 법원에 도달한 시점을 기준으로 판단한다.

보충 [대법관 민일영, 대법관 이인복, 대법관 박보영, 대법관 김소영, 대법관 권순일의 반대의견] 원래 형사소송법이 재소자에 대한 특칙을 두어 상소장 법원 도달주의의 예외를 인정한 취지는, 재소자로서 교도소나 구치소에 구금되어 행동의 자유가 박탈되어 있는 사람이 상소심 재판을 받기 위한 상소장 제출을 위하여 할 수 있는 행위는 구금당하고 있는 교도소 등의 책임자나 그 직무대리자에게 상소장을 제출하여 그들에게 직무상 해당 법원에 전달케 하는 것이 통상적인 방법이라는 점을 고려하여 재소자에게 상소 제기에 관한 편의를 제공하자는 데 있다. 이와 같은 재소자에 대한 특칙의 규정 취지에 비추어 보면, **재소자의 문서 제출에 대하여 법원 도달주의 원칙을 고수할 경우 재소자의 상소권을 현저히 침해하는 결과를 초래하게 된다면 명문의 규정이 없더라도 예외적으로 위 특칙이 준용된다고 해석하는 것이 위 특칙 규정을 둔 형사소송법의 입법 취지에 부합한다.**

엄격한 의미에서의 형사소송은 법원에서 진행되는 형사재판절차를 의미하지만, 형사소송법은 범죄의 수사, 공소의 제기, 공판절차, 상소의 제기, 재판의 집행 등을 포함하여 피고인의 유·무죄를 확인하여 형벌을 부과함으로써 국가의 형벌권을 실현하는 넓은 의미의 형사절차를 규율하고 있고, 형사소송법 제490조 제2항은 재소자에 대한 특칙을 형사재판이 확정된 후에도 소송비용의 집행면제 신청, 집행에 관하여 재판의 해석에 대한 의의신청, 집행에 관한 검사의 처분에 대한 이의신청에 준용하고 있다. 이런 측면에서 볼 때 형사소송법상 재소자에 대한 특칙은 피고인이라는 법적 지위에서 비롯된 것이라기보다는 교도소나 구치소에 구금되어 있는 재소자라는 처지가 형사소송법상 권리행사를 심각하게 제약하는 현실적인 측면을 중시하여 마련된 것이라고 보는 것이 타당하므로 재소자가 피고인의 지위에 있지 않다고 하여 특칙을 준용할 수 없다고 볼 것은 아니다.

재정신청 기각결정에 대한 재항고는 즉시항고로서 형사소송법 제415조, 제405조에 의하여 불복기간이 3일로 제한되는데, 이는 재정신청 기각결정을 받은 재소자가 재항고장을 법원에 도달하도록 하기에는 너무나 짧은 기간이다. 결국 법원 도달주의를 고수하게 되면, 재소자인 재정신청인은 교도소장 등에게서 기각결정을 전달받은 직후 재항고를 결심하고 곧바로 재항고장을 작성하여 특급우편으로 발송하여야만 재항고 기간을 준수할 수 있게 되고, 어느 한 단계에서 조그마한 지체가 발생하여도 재항고가 사실상 불가능하게 된다. 이러한 점에서 재정신청 기각결정에 대한 재항고에 재소자에 대한 특칙이 준용되지 않는 이상 형식적으로는 재항고권이 부여되어 있다고 하더라도 실질적으로는 재항고권이 침해되고 있다.

따라서 **재소자인 재정신청인이 재항고를 제기하는 경우에도** 형사소송법이 규정한 위 기간만큼은 실질적으로 보장되어야만 위와 같이 초단기로 규정한 불복기간이 정당화될 수 있는 것이므로, **재소자에 대한 특칙은 재소자인 재정신청인의 재항고장 제출에도 준용되어야** 한다.

보충 [비교판례] 상소이유서 제출에 관하여도 상소장 제출에 관하여 재소자에 대한 특칙을 규정한 형사소송법 제344조 제1항이 준용된다(대법원 2006.3.16, 2005도9729 전원합의체).

●●○

## 055 재정신청 대상사건이 아님에도 공소제기결정을 한 사례

• 국가9급 19, 법원9급 19

법원이 재정신청 대상 사건이 아님에도 이를 간과한 채 공소제기결정을 한 경우, 원칙적으로 본안사건에서 위와 같은 잘못을 다툴 수 있는가?

판례 법원이 재정신청 대상 사건이 아님에도 이를 간과한 채 형사소송법 제262조 제2항 제2호에 따라 공소제기결정을 하였더라도, 그에 따른 공소가 제기되어 본안사건의 절차가 개시된 후에는 다른 특별한 사정이 없는 한 본안사건에서 위와 같은 잘못을 다툴 수 없다(대법원 2017.11.14, 2017도13465).

solution 다툴 수 없다.

●●○

## 056 형사소송법 제262조 제4항 후문에서 말하는 '다른 중요한 증거를 발견한 경우'의 의미

• 법원9급 21

[제1문] 형사소송법 제262조 제4항 후문은 재정신청 기각결정이 확정된 사건에 대하여는 다른 중요한 증거를 발견한 경우를 제외하고는 소추할 수 없다고 규정하고 있다. 그렇다면, 재정신청 기각결정의 정당성에 의문이 제기되거나 범죄피해자의 권리를 보호하기 위하여 형사재판절차를 진행할 필요가 있는 정도의 증거가 있는 경우가 여기에 해당하는가?

[제2문] 형사소송법 제262조 제4항 후문은 재정신청 기각결정이 확정된 사건에 대하여는 다른 중요한 증거를 발견한 경우를 제외하고는 소추할 수 없다고 규정하고 있다. 그렇다면, 관련 민사판결에서의 사실인정 및 판단은 그 자체가 새로 발견된 증거라고 할 수 있는가?

[제1문 · 제2문]

판례 여기에서 '다른 중요한 증거를 발견한 경우'란 재정신청 기각결정 당시에 제출된 증거에 새로 발견된 증거를 추가하면 충분히 유죄의 확신을 가지게 될 정도의 증거가 있는 경우를 말하고, 단순히 재정신청 기각결정의 정당성에 의문이 제기되거나 범죄피해자의 권리를 보호하기 위하여 형사재판절차를 진행할 필요가 있는 정도의 증거가 있는 경우는 여기에 해당하지 않는다. 그리고 관련 민사판결에서의 사실인정 및 판단은, 그러한 사실인정 및 판단의 근거가 된 증거자료가 새로 발견된 증거에 해당할 수 있음은 별론으로 하고, 그 자체가 새로 발견된 증거라고 할 수는 없다(대법원 2018.12.28, 2014도17182).

solution [제1문] 해당하지 않는다.
[제2문] 새로 발견된 증거라고 할 수 없다.

## 2 공소제기 후의 수사

### 057 항소심의 증인으로 소환된 사람을 미리 수사기관에서 조사한 진술조서의 증거능력과 법정 증언의 증명력이 문제된 사건

• 경찰2차 21, 국가7급 21, 법원9급 21

판례 형사소송법의 기본원칙에 따라 살펴보면, 제1심에서 피고인에 대하여 무죄판결이 선고되어 검사가 항소한 후, 수사기관이 항소심 공판기일에 증인으로 신청하여 신문할 수 있는 사람을 특별한 사정 없이 미리 수사기관에 소환하여 작성한 진술조서는 피고인이 증거로 할 수 있음에 동의하지 않는 한 증거능력이 없다. 검사가 공소를 제기한 후 참고인을 소환하여 피고인에게 불리한 진술을 기재한 진술조서를 작성하여 이를 공판절차에 증거로 제출할 수 있게 한다면, 피고인과 대등한 당사자의 지위에 있는 검사가 수사기관으로서의 권한을 이용하여 일방적으로 법정 밖에서 유리한 증거를 만들 수 있게 하는 것이므로 당사자주의 · 공판중심주의 · 직접심리주의에 반하고 피고인의 공정한 재판을 받을 권리를 침해하기 때문이다. 위 참고인이 나중에 법정에 증인으로 출석하여 위 진술조서의 성립의 진정을 인정하고 피고인 측에 반대신문의 기회가 부여된다 하더라도 위 진술조서의 증거능력을 인정할 수 없음은 마찬가지이다. 위 참고인이 법정에서 위와 같이 증거능력이 없는 진술조서와 같은 취지로 피고인에게 불리한 내용의 진술을 한 경우, 그 진술에 신빙성을 인정하여 유죄의 증거로 삼을 것인지는 증인신문 전 수사기관에서 진술조서가 작성된 경위와 그것이 법정진술에 영향을 미쳤을 가능성 등을 종합적으로 고려하여 신중하게 판단하여야 한다(대법원 2019.11.28, 2013도6825).

CHAPTER 04

# 증 거

## 1 증거법 일반

## 2 증명의 기본원칙

●○○
### 058 출입국사범 사건에서 적법한 고발이 있었는지에 관한 증명의 방법

판례 출입국사범 사건에서 지방출입국·외국인관서의 장의 적법한 고발이 있었는지 여부가 문제되는 경우에 법원은 증거조사의 방법이나 증거능력의 제한을 받지 아니하고 제반사정을 종합하여 적당하다고 인정되는 방법에 의하여 **자유로운 증명으로 그 고발 유무를 판단**하면 된다(대법원 2001.2.9, 2000도1216; 2021.10.28, 2021도404).

●●○
### 059 검사의 사전면담이 이루어진 증인의 법정진술의 신빙성 판단

판례 **검사가 공판기일에 증인으로 신청하여 신문할 사람을 특별한 사정 없이 미리 수사기관에 소환하여 면담하는 절차를 거친 후 증인이 법정에서 피고인에게 불리한 내용의 진술을 한 경우,** 검사가 증인신문 전 면담 과정에서 증인에 대한 회유나 압박, 답변 유도나 암시 등으로 증인의 법정진술에 영향을 미치지 않았다는 점이 담보되어야 증인의 법정진술을 신빙할 수 있다고 할 것이다. 검사가 증인신문 준비 등 필요에 따라 증인을 사전 면담할 수 있다고 하더라도 법원이나 피고인의 관여 없이 일방적으로 사전 면담하는 과정에서 증인이 훈련되거나 유도되어 법정에서 왜곡된 진술을 할 가능성도 배제할 수 없기 때문이다. **증인에 대한 회유나 압박 등이 없었다는 사정은 검사가 증인의 법정진술이나 면담과정을 기록한 자료 등으로 사전면담 시점, 이유와 방법, 구체적 내용 등을 밝힘으로써 증명하여야 한다**(대법원 2021.6.10, 2020도15891).

●●●
## 060 '이태원 살인사건'

• 경찰1차 17·21, 경찰간부 17

(판례) [1] 형사소송절차에서 두 죄 사이에 공소사실이나 범죄사실의 동일성이 있는지 판단하는 기준
형사소송절차에서 두 죄 사이에 공소사실이나 범죄사실의 동일성이 있는지는 기본적 사실관계가 동일한지에 따라 판단하여야 한다. 이는 순수한 사실관계의 동일성이라는 관점에서만 파악할 수 없고, **피고인의 행위와 자연적 · 사회적 사실관계 이외에 규범적 요소를 고려하여 기본적 사실관계가 실질적으로 동일한지에 따라 결정**해야 한다. 피고인이 '1997.4.3. 21:50경 서울 용산구 이태원동에 있는 햄버거 가게 화장실에서 피해자 甲을 칼로 찔러 乙과 공모하여 甲을 살해하였다'는 내용으로 기소되었는데, 선행사건에서 '1997.2. 초순부터 1997.4.3. 22:00경까지 정당한 이유 없이 범죄에 공용될 우려가 있는 위험한 물건인 휴대용 칼을 소지하였고, 1997.4.3. 23:00경 乙이 범행 후 햄버거 가게 화장실에 버린 칼을 집어 들고 나와 용산 미8군영 내 하수구에 버려 타인의 형사사건에 관한 증거를 인멸하였다'는 내용의 범죄사실로 유죄판결을 받아 확정된 사안에서, **살인죄의 공소사실과 선행사건에서 유죄로 확정된 폭력행위 등 처벌에 관한 법률 위반(우범자)죄와 증거인멸죄는 범행의 일시, 장소와 행위 태양이 서로 다르고, 살인죄는 폭력행위 등 처벌에 관한 법률 위반(우범자)죄나 증거인멸죄와는 보호법익이 서로 다르며 죄질에서도 현저한 차이가 있으므로, 살인죄의 공소사실과 증거인멸죄 등의 범죄사실 사이에 기본적 사실관계의 동일성이 없다.**
[2] 형사재판에서 유죄를 인정하기 위한 증거의 증명력 정도 및 법관이 범죄사실에 대한 증명이 있는지 판단하는 방법
형사재판에서 유죄의 인정은 법관으로 하여금 **합리적인 의심을 할 여지가 없을 정도**로 공소사실이 진실한 것이라는 확신을 갖도록 할 수 있는 증명력을 가진 증거에 의하여야 한다. 여기에서 말하는 **합리적 의심이란 모든 의문이나 불신을 말하는 것이 아니라 논리와 경험법칙에 기하여 증명이 필요한 사실과 양립할 수 없는 사실의 개연성에 대한 합리적인 의문**을 의미한다. 따라서 **단순히 관념적인 의심이나 추상적인 가능성에 기초한 의심은 합리적 의심에 포함되지 않는다.** 법관은 반드시 직접증거로만 범죄사실에 대한 증명이 있는지를 판단하는 것은 아니고, 직접증거와 간접증거를 종합적으로 고찰하여 논리와 경험의 법칙에 따라 범죄사실에 대한 증명이 있는 것으로 판단할 수 있다. 피고인이 '1997.4.3. 21:50경 서울 용산구 이태원동에 있는 햄버거 가게 화장실에서 피해자 甲을 칼로 찔러 乙과 공모하여 甲을 살해하였다'는 내용으로 기소된 사안에서, 甲은 피고인과 乙만 있던 화장실에서 칼에 찔려 사망하였고, 피고인과 乙은 서로 상대방이 갑을 칼로 찔렀고 자신은 우연히 그 장면을 목격하였을 뿐이라고 주장하나, **범행 현장에 남아 있던 혈흔 등에 비추어 乙의 주장에는 특별한 모순이 발견되지 않은 반면 피고인의 주장에는 쉽사리 해소하기 힘든 논리적 모순이 발생하는 점, 범행 이후의 정황에 나타난 여러 사정들 역시 피고인이 甲을 칼로 찌르는 것을 목격하였다는 乙의 진술의 신빙성을 뒷받침하는 점 등 제반 사정을 종합하면, 피고인이 甲을 칼로 찔러 살해하였음이 합리적인 의심을 할 여지가 없을 정도로 충분히 증명되었다**고 본 원심판단은 정당하다 (대법원 2017.1.25, 2016도15526).

●●○
## 061 상해진단서의 증명력

(판례) **형사사건에서 상해진단서는 피해자의 진술과 함께 피고인의 범죄사실을 증명하는 유력한 증거가 될 수 있다.** 그러나 **상해 사실의 존재 및 인과관계 역시 합리적인 의심이 없는 정도의 증명에 이르러야 인정할 수 있으므로, 상해진단서의 객관성과 신빙성을 의심할 만한 사정이 있는 때에는 증명력을 판단하는 데 매우 신중하여야 한다.** 특히 상해진단서가 주로 통증이 있다는 피해자의 주관적인 호소 등에 의존하여 의학적인 가능성만으로 발급된 때에는 진단 일자 및 진단서 작성일자가 상해 발생 시점과 시간상으로 근접하고 상해진단서 발급 경위에 특별히 신빙성을 의심할 만한 사정은 없는지, 상해진단서에 기재된 상해 부위

및 정도가 피해자가 주장하는 상해의 원인 내지 경위와 일치하는지, 피해자가 호소하는 불편이 기왕에 존재하던 신체 이상과 무관한 새로운 원인으로 생겼다고 단정할 수 있는지, 의사가 상해진단서를 발급한 근거 등을 두루 살피는 외에도 피해자가 상해 사건 이후 진료를 받은 시점, 진료를 받게 된 동기와 경위, 그 이후의 진료 경과 등을 면밀히 살펴 논리와 경험법칙에 따라 증명력을 판단하여야 한다(대법원 2016.11.25, 2016도15018).

●●○

## 062 자유심증주의의 의미와 한계

• 변호사시험 17

다음은 대법원 2016.10.13, 2015도17869 판결을 문제로 만든 것이다. 잘 읽고 물음에 답하시오.

[제1문] 충분한 증명력이 있는 증거를 합리적 이유 없이 배척하거나 반대로 객관적인 사실에 명백히 반하는 증거를 근거 없이 채택 · 사용하는 것은 자유심증주의의 한계를 벗어나는 것으로서 법률 위반에 해당하는가?

[제2문] 사실심 법원이 자유심증주의의 한계를 벗어나거나 필요한 심리를 다하지 아니하는 등으로 판결 결과에 영향을 미친 경우, 상고심의 심판대상이 되는가?

[제3문] 피고인이 수사기관에서부터 공판기일에 이르기까지 일관되게 범행을 자백하다가 어느 공판기일부터 갑자기 자백을 번복한 경우, 자백 진술의 신빙성 유무를 살피는 외에도 자백을 번복하게 된 동기나 이유 및 경위 등과 함께 수사기관 이래의 진술 경과와 진술의 내용 등에 비추어 번복 진술이 납득할 만한 것이고 이를 뒷받침할 증거가 있는지 등을 살펴보아야 하는가?

[제1문]

판례 형사소송법은 증거재판주의와 자유심증주의를 기본원칙으로 하면서, 범죄사실의 인정은 증거에 의하되 증거의 증명력은 법관의 자유판단에 의하도록 하고 있다. 그러나 이는 그것이 실체적 진실발견에 적합하기 때문이지 법관의 자의적인 판단을 인용한다는 것은 아니므로, **비록 사실의 인정이 사실심의 전권이더라도 범죄사실이 인정되는지는 논리와 경험법칙에 따라야 하고, 충분한 증명력이 있는 증거를 합리적 이유 없이 배척하거나 반대로 객관적인 사실에 명백히 반하는 증거를 근거 없이 채택 · 사용하는 것은 자유심증주의의 한계를 벗어나는 것으로서 법률 위반에 해당한다**(대법원 2016.10.13, 2015도17869).

solution 법률위반에 해당한다.

[제2문]

판례 범죄의 유무 등을 판단하기 위한 논리적 논증을 하는 데 반드시 필요한 사항에 대한 심리를 다하지도 아니한 채 합리적 의심이 없는 증명의 정도에 이르렀는지에 대한 판단에 섣불리 나아가는 것 역시 실체적 진실발견과 적정한 재판이 이루어지도록 하려는 형사소송법의 근본이념에 배치되는 것으로서 위법하다. 그러므로 **사실심 법원으로서는, 형사소송법이 사실의 오인을 항소이유로는 하면서도 상고이유로 삼을 수 있는 사유로는 규정하지 아니한 데에 담긴 의미가 올바르게 실현될 수 있도록 주장과 증거에 대하여 신중하고 충실한 심리를 하여야 하고, 그에 이르지 못하여 자유심증주의의 한계를 벗어나거나 필요한 심리를 다하지 아니하는 등으로 판결 결과에 영향을 미친 때에는, 사실인정을 사실심 법원의 전권으로 인정한 전제가 충족되지 아니하므로 당연히 상고심의 심판대상에 해당한다**(대법원 2016.10.13, 2015도17869).

solution 상고심의 심판대상이 된다.

[제3문]

판례 자백의 신빙성 유무를 판단할 때에는 자백 진술의 내용 자체가 객관적으로 합리성이 있는지, 자백의 동기나 이유는 무엇이며, 자백에 이르게 된 경위는 어떠한지, 그리고 자백 외의 정황증거 중 자백과 저촉되거나 모순되는 것은 없는지 등 제반 사정을 고려하여 판단하여야 한다. 나아가 **피고인이 수사기관에서부터 공판기일에 이르기까지 일관되게 범행을 자백하다가 어느 공판기일부터 갑자기 자백을 번복한 경우에는, 자백 진술의 신빙성 유무를 살피는 외에도 자백을 번복하게 된 동기나 이유 및 경위 등과 함께 수사기관 이래의 진술 경과와 진술의 내용 등에 비추어 번복 진술이 납득할 만한 것이고 이를 뒷받침할 증거가 있는지 등을 살펴보아야 한다**(대법원 2016.10.13, 2015도17869).

solution 살펴보아야 한다.

참고 **형사소송법 제307조(증거재판주의)** ① 사실의 인정은 증거에 의하여야 한다. ② 범죄사실의 인정은 합리적인 의심이 없는 정도의 증명에 이르러야 한다.
**형사소송법 제308조(자유심증주의)** 증거의 증명력은 법관의 자유판단에 의한다.

## 063 피해자 진술의 신빙성 판단

• 경찰2차 20

판례 [1] 피해자 등의 진술은 그 진술 내용의 주요한 부분이 일관되며, 경험칙에 비추어 비합리적이거나 진술 자체로 모순되는 부분이 없고, 또한 허위로 피고인에게 불리한 진술을 할 만한 동기나 이유가 분명하게 드러나지 않는 이상, 그 진술의 신빙성을 특별한 이유 없이 함부로 배척해서는 아니 된다.
[2] 법원이 성폭행이나 성희롱 사건의 심리를 할 때에는 그 사건이 발생한 맥락에서 성차별 문제를 이해하고 양성평등을 실현할 수 있도록 '성인지 감수성'을 잃지 않도록 유의하여야 한다(양성평등기본법 제5조 제1항 참조). …… 따라서 개별적, 구체적인 사건에서 **성폭행 등의 피해자가 처하여 있는 특별한 사정을 충분히 고려하지 않은 채 피해자 진술의 증명력을 가볍게 배척하는 것은 정의와 형평의 이념에 입각하여 논리와 경험의 법칙에 따른 증거판단이라고 볼 수 없다.**
[3] **강간죄에서 공소사실을 인정할 증거로 사실상 피해자의 진술이 유일한 경우에 피고인의 진술이 경험칙상 합리성이 없고 그 자체로 모순되어 믿을 수 없다**고 하여 그것이 **공소사실을 인정하는 직접증거가 되는 것은 아니지만**, 이러한 사정은 법관의 자유판단에 따라 **피해자 진술의 신빙성을 뒷받침하거나 직접증거인 피해자 진술과 결합하여 공소사실을 뒷받침하는 간접정황이 될 수 있다**(대법원 2018.10.25, 2018도7709).

## 064 성폭력범죄의 피해자 진술에 대한 신빙성 판단의 기준

판례 개별적, 구체적인 사건에서 성폭행 등의 피해자가 처하여 있는 특별한 사정을 충분히 고려하지 않은 채 피해자 진술의 증명력을 가볍게 배척하는 것은 정의와 형평의 이념에 입각하여 논리와 경험의 법칙에 따른 증거판단이라고 볼 수 없다(대법원 2019.7.11, 2018도2614 등). …… **'성추행 피해자가 추행 즉시 행위자에게 항의하지 않은 사정'이나 '피해 신고 시 성폭력이 아닌 다른 피해사실을 먼저 진술한 사정'만으로 곧바로 피해자 진술의 신빙성을 부정할 것이 아니고**, 가해자와의 관계와 피해자의 구체적 상황을 모두 살펴 판단하여야 한다(대법원 2020.9.24, 2020도7869).

●○○
## 065 친부로부터 강간 등을 당하였다는 피해자 진술의 신빙성 판단

• 경찰2차 20

(판례) 성폭행 피해자의 대처 양상은 피해자의 성정이나 가해자와의 관계 및 구체적인 상황에 따라 다르게 나타날 수밖에 없다. 따라서 개별적, 구체적인 사건에서 성폭행 등의 피해자가 처하여 있는 특별한 사정을 충분히 고려하지 않은 채 피해자 진술의 증명력을 가볍게 배척하는 것은 정의와 형평의 이념에 입각하여 논리와 경험의 법칙에 따른 증거판단이라고 볼 수 없다(대법원 2018.10.25, 2018도7709). **피고인의 친딸로 가족관계에 있던 피해자가 '마땅히 그러한 반응을 보여야만 하는 피해자'로 보이지 않는다는 이유만으로 피해자 진술의 신빙성을 함부로 배척할 수 없다. 그리고 친족관계에 의한 성범죄를 당하였다는 피해자의 진술은 피고인에 대한 이중적인 감정, 가족들의 계속되는 회유와 압박 등으로 인하여 번복되거나 불분명해질 수 있는 특수성이 있다는 점을 고려해야 한다**(대법원 2020.5.14, 2020도2433; 2020.8.20, 2020도6965, 2020전도74 병합).

●○○
## 066 범행 후의 피해자다움과 피해자 진술 전체의 신빙성 판단

> 피해자가 피고인으로부터 강간을 당한 후 그 다음 날 스스로 피고인의 집에 찾아갔다면 이러한 피해자의 행위는 피해자 진술의 신빙성을 배척할 사정에 해당하는가?

(판례) 아동·청소년의 성보호에 관한 법률이 특별히 아동·청소년을 보호하고자 하는 이유는, 아동·청소년은 사회적·문화적 제약 등으로 아직 온전한 자기결정권을 행사하기 어려울 뿐만 아니라, **인지적·심리적·관계적 자원의 부족으로 타인의 성적 침해 또는 착취행위로부터 자신을 방어하기 어려운 처지에 있기** 때문이다(대법원 2020.8.27, 2015도9436 전원합의체). **피해자가 피고인으로부터 강간을 당한 후 다음 날 혼자서 다시 피고인의 집을 찾아간 것이** 일반적인 평균인의 경험칙이나 통념에 비추어 범죄 피해자로서는 취하지 않았을 특이하고 이례적인 행태로 보인다고 하더라도, **그로 인하여 곧바로 피해자의 진술에 신빙성이 없다고 단정할 수는 없다.** 범죄를 경험한 후 피해자가 보이는 반응과 피해자가 선택하는 대응 방법은 천차만별인바, 강간을 당한 피해자가 반드시 가해자나 가해현장을 무서워하며 피하는 것이 마땅하다고는 볼 수 없고, 경우에 따라서는 가해자를 별로 무서워하지 않거나 피하지 않고 나아가 가해자를 먼저 찾아가는 것도 불가능하다고 볼 수는 없다. 피해자와 피고인의 나이 차이, 범행 이전의 우호적인 관계 등에 비추어 보면, **피해자로서는 사귀는 사이인 것으로 알았던 피고인이 자신을 상대로 느닷없이 강간 범행을 한 것에 대해서 의구심을 가지고 그 해명을 듣고 싶어하는 마음을 가졌던 것으로 보이고, 피해자의 그러한 심리가 성폭력을 당한 여성으로서는 전혀 보일 수 없을 정도로 이례적이고 납득 불가능한 것이라고 할 수는 없다.** 따라서 피해자가 2018.1.26.자 강간을 당한 후 그 다음 날 스스로 피고인의 집에 찾아갔다고 하더라도, 그러한 피해자의 행위가 피해자 진술의 신빙성을 배척할 사정이 되지는 못한다는 것이다. 원심이 위와 같이 판단하여, 범행 후 피해자의 일부 언행을 문제 삼아 피해자다움이 결여되었다는 등의 이유로 피해자 진술 전체의 신빙성을 다투는 피고인의 주장을 배척하고 이 부분 공소사실을 유죄로 판단한 제1심판결을 그대로 유지한 것은 정당하고, 거기에 논리와 경험의 법칙을 위반하여 자유심증주의의 한계를 벗어난 잘못이 없다(대법원 2020.9.7, 2020도8016).

solution 해당하지 않는다.

## 067 성폭력범죄 피해자 진술의 신빙성 판단

• 경찰2차 20

제1심이 증인신문을 거쳐 신빙성을 인정한 성폭력범죄 피해자의 진술 등에 대하여 원심이 추가 증거조사 없이 '피해자다움'이 나타나지 않는다는 등의 사정을 들어 신빙성을 배척하는 것이 타당한가?

(판례) 성폭행 피해자의 대처 양상은 피해자의 성정이나 가해자와의 관계 및 구체적인 상황에 따라 다르게 나타날 수밖에 없다. 따라서 개별적, 구체적인 사건에서 성폭행 등의 피해자가 처하여 있는 특별한 사정을 충분히 고려하지 않은 채 피해자 진술의 증명력을 가볍게 배척하는 것은 정의와 형평의 이념에 입각하여 논리와 경험의 법칙에 따른 증거판단이라고 볼 수 없다(대법원 2018.10.25, 2018도7709). **범행 후 피해자의 태도 중 '마땅히 그러한 반응을 보여야만 하는 피해자'로 보이지 않는 사정이 존재한다는 이유만으로 피해자 진술의 신빙성을 함부로 배척할 수 없다**(대법원 2020.8.20, 2020도6965; 2020.9.3, 2020도8533; 2020.10.29, 2019도4047).

보충 편의점 브랜드 개발팀 직원인 피고인이 편의점주인 피해자를 편의점 안에서 강제추행하였다고 기소된 사안에서, 제1심은 피해자에 대한 증인신문을 거친 후 피해자의 피해 경위에 관한 진술이 구체적이고 일관되어 신빙성이 인정되고, CCTV 영상 촬영사진과도 부합한다는 등의 이유로 유죄로 판단하였는데, 원심은 추가 증거조사 없이 주로 제1심에서 증거조사를 마친 증거들에 기초한 사정들을 들어 피해자 진술 신빙성 등을 배척하고 무죄로 판단하였으나, 대법원은, 원심이 든 사정 중 일부는 피해자에게 '피해자다움'이 나타나지 않음을 지적하는 것으로 위와 같은 법리에 비추어 타당하지 않고, 원심이 지적한 사정만으로는 피해자 진술의 신빙성 유무 및 이에 부합하는 CCTV 영상의 증명력에 관한 제1심의 판단이 명백하게 잘못되었다거나 그대로 유지하는 것이 현저히 부당하다고 인정되는 예외적인 경우에 해당한다고 단정하기 어렵다고 판단한 것이다.

**solution** 타당하지 않다.

## 068 성폭행 피해자의 대처 양상에 따른 피해자 진술의 신빙성 판단(전동차 강제추행 사건)

(판례) 성폭행이나 성희롱 사건의 피해자가 피해사실을 알리고 문제를 삼는 과정에서 오히려 피해자가 부정적인 여론이나 불이익한 처우 및 신분 노출의 피해 등을 입기도 하여 온 점 등에 비추어 보면, 성폭행 피해자의 대처 양상은 피해자의 성정이나 가해자와의 관계 및 구체적인 상황에 따라 다르게 나타날 수밖에 없다. 따라서 **개별적, 구체적인 사건에서 성폭행 등의 피해자가 처하여 있는 특별한 사정을 충분히 고려하지 않은 채 피해자 진술의 증명력을 가볍게 배척하는 것**은 정의와 형평의 이념에 입각하여 논리와 경험의 법칙에 따른 증거판단이라고 볼 수 없다(대법원 2021.3.11, 2020도15259).

보충 ① 원심의 판단 : 피고인이 경의중앙선 전동차 안에서, 피해자(여, 28세)의 앞에 붙어 서서 손을 피해자의 치마 속에 집어넣어 스타킹 겉 부분까지 손가락이 닿은 채로 검지와 중지손가락을 이용하여 피해자의 성기 부분을 문지르고 더듬는 등 약 5분 동안 피해자를 강제로 추행하였다는 이유로 기소된 사안에서, 원심은 사람이 많은 전동차 내에서 피고인에게 큰 소리로 항의하고 피고인을 잡고 전동차 밖으로 끌어 내린 뒤 경찰에 신고한 피해자의 태도에 비추어 적극적이고 용감한 성격인 피해자가 일정 시간 공소사실과 같은 정도의 피해에 대하여 이의를 제기하지 않고 참았다는 것은 믿기 어렵다는 등의 이유로 피해자 진술의 신빙성을 배척함으로써, 공소사실을 유죄로 판단한 제1심판결을 파기하고 무죄를 선고하였음. ② 대법원의 판단 : 그러나 이 사건 피해자의 진술이 그 진술 내용의 주요한 부분이 일관되며, 경험칙에 비추어 비합리적이거나 진술 자체로 모순되는 부분이 없고, 또한 허위로 피고인에게 불리한 진술을 할 만한 동기나 이유가 분명하게 드러나지 않는데다가, 추행행위를 인지하게 된 경위에 있어서 '처음에는 생리대 때문에 바로 느끼지 못하였다가 한 30초 정도 뒤에 느낌이 이상하여 한 걸음 이동하였는데, 피고인이 그때부터 노골적으로 따라 붙어서 이 사건 추행을 하였다.', '3~5초 정도 눈으로 정확히 범행 장면을 목격하고 난 뒤에 정신을 차리고 따졌다.'는 등으로 진술하고 있는 이 사건에 있어서, **피해자의 항의 태도만으로 피해자의 성격을 속단하여 피해자 진술의 신빙성을 배척한 원심판결은 개별적, 구체적인 사건에서 성범죄 피해자가 처하여 있는 특별한 사정을 충분히 고려하지 않은 채 피해자 진술의 증명력을 가볍게 배척하는 것으로 논리와 경험의 법칙에 따른 증거판단이라고 보기 어렵다**는 등의 이유를 들어, 원심의 판단에 증거의 증명력에 관한 법리를 오해한 잘못이 있다고 보아 원심판결을 파기환송한 사례이다.

●○○
## 069 강제추행 사건에서 피해자 진술의 신빙성 판단 기준이 되는 경험칙의 의미와 내용

(판례) 성폭력 사건에서 피고인이 공소사실을 부인하고 있고 공소사실에 부합하는 직접증거로 사실상 피해자의 진술이 유일한 경우, 피해자의 진술이 합리적인 의심을 배제할 만한 신빙성이 있는지 여부는 그 진술 내용의 주요한 부분이 일관되고 구체적인지, 진술 내용이 논리와 경험칙에 비추어 합리적이고, 진술 자체로 모순되거나 객관적으로 확인된 사실이나 사정과 모순되지는 않는지, 또는 허위로 피고인에게 불리한 진술을 할 만한 동기나 이유가 있는지 등을 종합적으로 고려하여 신중하게 판단하여야 한다. 경험칙이란 각개의 경험으로부터 귀납적으로 얻어지는 사물의 성상이나 인과의 관계에 관한 사실판단의 법칙이므로 경험칙을 도출하기 위하여서는 그 기초되는 구체적인 경험적 사실의 존재가 전제되어야 한다. **성폭력 범죄는 성별에 따라 차별적으로 구조화된 성을 기반으로 지극히 사적인 영역에서 발생하므로, 피해자라도 본격적으로 문제제기를 하게 되기 전까지는 피해사실이 알려지기를 원하지 아니하고 가해자와 종전의 관계를 계속 유지하는 경우도 적지 아니하며, 피해상황에서도 가해자에 대한 이중적인 감정을 느끼기도 한다. 한편 누구든지 일정 수준의 신체접촉을 용인하였더라도 자신이 예상하거나 동의한 범위를 넘어서는 신체접촉을 거부할 수 있고**(대법원 2019.7.11, 2018도2614), **피해상황에서 명확한 판단이나 즉각적인 대응을 하는 데에 어려움을 겪을 수 있다.** 이와 같이 성폭력 피해자의 대처 양상은 피해자의 나이, 성별, 지능이나 성정, 사회적 지위와 가해자와의 관계 등 구체적인 처지와 상황에 따라 다르게 나타날 수밖에 없다. 따라서 **피해자의 진술 내용이 논리와 경험칙에 비추어 합리적인지 여부는 개별적, 구체적인 사건에서 성폭력 피해자가 처하여 있는 상황에 기초하여 판단하여야 하고, 그러한 사정을 충분히 고려하지 아니한 채 통상의 성폭력 피해자라면 마땅히 보여야 할 반응을 상정해 두고 이러한 통념에 어긋나는 행동을 하였다는 이유로 섣불리 경험칙에 어긋난다거나 합리성이 없다고 판단하는 것은 정의와 형평의 이념에 입각하여 논리와 경험의 법칙에 따른 증거판단이라고 볼 수 없다**(대법원 2018.10.25, 2018도7709; 2020.10.29, 2019도4047 등). 그리고 **공소사실을 인정할 증거로 사실상 피해자의 진술이 유일한 경우에 피고인의 진술이 경험칙상 합리성이 없고 그 자체로 모순되어 믿을 수 없다고 하여 그것이 공소사실을 인정하는 직접증거가 되는 것은 아니지만, 이러한 사정은 법관의 자유판단에 따라 피해자 진술의 신빙성을 뒷받침하거나 직접증거인 피해자 진술과 결합하여 공소사실을 뒷받침하는 간접정황이 될 수 있다**(대법원 2022.8.19, 2021도3451).

●○○
## 070 성폭행 등의 피해자 진술의 증명력을 판단하는 방법 등

(판례) [1] 성폭행 피해자의 대처 양상은 피해자의 성정이나 가해자와의 관계 및 구체적인 상황에 따라 다르게 나타날 수밖에 없다. 따라서 개별적, 구체적인 사건에서 성폭행 등의 피해자가 처하여 있는 특별한 사정을 충분히 고려하지 않은 채 피해자 진술의 증명력을 가볍게 배척하는 것은 정의와 형평의 이념에 입각하여 논리와 경험의 법칙에 따른 증거판단이라고 볼 수 없다. **범행 후 피해자의 태도 중 '마땅히 그러한 반응을 보여야만 하는 피해자'로 보이지 않는 사정이 존재한다는 이유만으로 피해자 진술의 신빙성을 함부로 배척할 수 없다.**

[2] 누구든지 일정 수준의 신체접촉을 용인하였더라도 자신이 예상하거나 동의한 범위를 넘어서는 신체접촉을 거부할 수 있다. 그런데 피해자는 동의 범위를 벗어난 신체접촉을 당한 피해상황에서 명확한 판단이나 즉각적인 대응을 하는 데에 어려움을 겪을 수 있다. 따라서 시간적, 장소적으로 근접한 신체접촉 행위들 중 강제성이 인정되는 일부 행위가 기소된 경우, **그 이전의 신체접촉 행위에 대하여 피해자가 용인하였다는 이유로 공소사실 기재 추행행위까지도 용인하였으리라는 막연한 추측하에 피해자 진술 전체의 신빙성을 평가하여서는 아니 된다.**

[3] 피해자의 증언은 단편적인 부분만을 떼어서 판단할 것이 아니라 전체적인 취지를 살펴야 하고, 특히

피해자의 증언이 질문에 대한 답변인 경우 질문 내용은 물론, 다른 질문에 대한 답변 내용과 비교 등을 통해 피해자 증언의 전체적인 취지를 파악하여야 한다.
[4] **피해자라도 본격적으로 문제제기를 하게 되기 전까지는 피해사실이 알려지기를 원하지 아니하고 가해자와 종전의 관계를 계속 유지하는 경우**도 적지 아니하다. 이러한 양상은 결속력이 강하고 폐쇄적인 군부대 내에서 벌어진 성폭력 범행의 경우 더욱 현저할 수 있으므로 **범행 후 피해자의 행동을 가지고 범행에 대한 피해자 진술의 신빙성을 판단함에 있어서는 이러한 점이 충분히 고려되어야 한다.**
[5] 성적 자유를 침해당했을 때 느끼는 성적 수치심은 부끄럽고 창피한 감정만으로 나타나는 것이 아니라 다양한 형태로 나타날 수 있고, **혐오감 또한 추행 피해자가 느낄 수 있는 감정**에 해당한다.
[6] 성폭력범죄의 처벌 등에 관한 특례법 제13조는 "자기 또는 다른 사람의 성적 욕망을 유발하거나 만족시킬 목적으로 전화, 우편, 컴퓨터, 그 밖의 통신매체를 통하여 '성적 수치심이나 혐오감을 일으키는 말, 음향, 글, 그림, 영상 또는 물건'을 상대방에게 도달하게 한 사람"을 처벌한다. '자기 또는 다른 사람의 성적 욕망을 유발하거나 만족시킬 목적'이 있는지 여부는 피고인과 피해자의 관계, 행위의 동기와 경위, 행위의 수단과 방법, 행위의 내용과 태양, 상대방의 성격과 범위 등 여러 사정을 종합하여 사회통념에 비추어 합리적으로 판단하여야 한다. 또한 **'성적 수치심이나 혐오감을 일으키는 것'**은 피해자에게 단순한 부끄러움이나 불쾌감을 넘어 **인격적 존재로서의 수치심이나 모욕감을 느끼게 하거나 싫어하고 미워하는 감정을 느끼게 하는 것으로서 사회 평균인의 성적 도의관념에 반하는 것**을 의미한다. 이와 같은 성적 수치심 또는 혐오감의 유발 여부는 일반적이고 평균적인 사람들을 기준으로 하여 판단함이 타당하고, 특히 성적 수치심의 경우 **피해자와 같은 성별과 연령대의 일반적이고 평균적인 사람들을 기준으로 하여 그 유발 여부를 판단**하여야 한다(대법원 2022.9.29, 2020도11185).

●○○

## 071 같은 피해자에 대한 동종 범죄라 하더라도 피해자 진술의 신빙성이나 그 신빙성 유무를 기초로 한 범죄 성립 여부를 달리 판단할 수 있다는 사례

(판례) 사실인정의 전제로 이루어지는 증거의 취사선택과 증명력에 대한 판단은 자유심증주의의 한계를 벗어나지 않는 한 사실심 법원의 재량에 속한다(형사소송법 제308조). 인접한 시기에 같은 피해자를 상대로 저질러진 동종 범죄라도 각각의 범죄에 따라 범행의 구체적인 경위, 피해자와 피고인 사이의 관계, 피해자를 비롯한 관련 당사자의 진술 등이 다를 수 있다. 따라서 사실심 법원은 **인접한 시기에 같은 피해자를 상대로 저질러진 동종 범죄에 대해서도 각각의 범죄에 따라 피해자 진술의 신빙성이나 그 신빙성 유무를 기초로 한 범죄 성립 여부를 달리 판단할 수 있고,** 이것이 실체적 진실발견과 인권보장이라는 형사소송의 이념에 부합한다(대법원 2022.3.31, 2018도19472, 2018전도126).

보충 한편 대법원은 다른 상관(함장)에 대해서는 무죄로 판단한 원심을 파기환송하였다(대법원 2022.3.31, 2018도19037).

●○○

## 072 남편이 보험금을 노리고 교통사고를 내어 아내를 살해하였다고 기소된 사건과 유죄의 증명

• 국가9급 18

(판례) [1] 형사재판에서 범죄사실을 인정하기 위한 증거의 증명력 정도 / 살인죄와 같이 법정형이 무거운 범죄의 경우에도 직접증거 없이 간접증거만으로 유죄를 인정할 수 있는지 여부(적극) 및 이때 필요한 주요사실의 전제가 되는 간접사실의 증명 정도

형사재판에서 범죄사실의 인정은 법관으로 하여금 합리적인 의심을 할 여지가 없을 정도의 확신을 가지게 하는 증명력을 가진 엄격한 증거에 의하여야 하므로, 검사의 증명이 그만한 확신을 가지게 하는 정도에 이르지 못한 경우에는 설령 피고인의 주장이나 변명이 모순되거나 석연치 않은 면이 있어 유죄의 의심이 가는 등의 사정이 있더라도 피고인의 이익으로 판단하여야 한다. 한편 살인죄와 같이 법정형이 무거운 범죄의 경우에도 직접증거 없이 간접증거만으로도 유죄를 인정할 수 있으나, 그 경우에도 주요사실의 전제가 되는 간접사실의 인정은 합리적 의심을 허용하지 않을 정도의 증명이 있어야 하고, 그 하나하나의 간접사실이 상호 모순, 저촉이 없어야 함은 물론 논리와 경험칙, 과학법칙에 의하여 뒷받침되어야 한다. 그러므로 유죄의 인정은 범행 동기, 범행수단의 선택, 범행에 이르는 과정, 범행 전후 피고인의 태도 등 여러 간접사실로 보아 피고인이 범행한 것으로 보기에 충분할 만큼 압도적으로 우월한 증명이 있어야 하고, 피고인이 고의적으로 범행한 것이라고 보기에 의심스러운 사정이 병존하고 증거관계 및 경험법칙상 고의적 범행이 아닐 여지를 확실하게 배제할 수 없다면 유죄로 인정할 수 없다. 피고인은 무죄로 추정된다는 것이 헌법상의 원칙이고, 그 추정의 번복은 직접증거가 존재할 경우에 버금가는 정도가 되어야 한다.

[2] 거액의 보험금 수령이 예상된다는 금전적 이유만으로 살인 범행의 동기를 인정할 때 유의할 사항 / 금전적 이득이 살인의 범행 동기가 될 수 있는 경우

일반적으로 금전적 이득의 기회가 살인 범행의 중요한 동기가 될 수 있음은 부인할 수 없다. 특히 행위자가 얻을 수 있는 이익이 클수록 더욱 강한 동기로 작용하여 부도덕하고 반사회적인 범죄행위를 감행하는 유인이 될 수 있다는 점은 경험칙상으로도 충분히 수긍이 된다. 그러나 거액의 보험금 수령이 예상된다는 금전적 이유만으로 살해 동기를 인정할 수 있는지는 다른 간접사실들의 증명 정도와 함께 더욱 면밀히 살펴볼 필요가 있다. 한편 금전적 이득만이 살인의 범행 동기가 되는 것은, 범인이 매우 절박한 경제적 곤란이나 궁박 상태에 몰려 있어 살인이라는 극단적 방법을 통해서라도 이를 모면하려고 시도할 정도라거나 범인의 인성이 원래부터 탐욕적이고 인명을 가벼이 여기는 범죄적 악성과 잔혹함이 있는 경우 등이 대부분이다. 그렇지 않은 경우는 증오 등 인간관계의 갈등이나 치정 등 피해자를 살해할 금전 외적인 이유가 있어서 금전적 이득은 오히려 부차적이거나 적어도 금전 외적인 이유가 금전적 이득에 버금갈 정도라고 인정될 만한 사정이 있어야 살인의 동기로서 수긍할 정도가 된다. 더구나 계획적인 범행이고 범행 상대가 배우자 등 가족인 경우에는 범행이 단순히 인륜에 반하는 데에서 나아가 범인 자신의 생활기반인 가족관계와 혈연관계까지 파괴되므로 가정생활의 기반이 무너지는 것을 감내하고라도 살인을 감행할 만큼 강렬한 범행유발 동기가 존재하는 것이 보통이다.

[3] 피고인이 피해자 甲과 혼인한 후 피보험자를 甲, 수익자를 피고인으로 하는 다수의 생명보험에 가입하였다가, 경제적 상황이 어려워지자 거액의 보험금을 지급받을 목적으로 자신의 승합차 조수석에 甲을 태우고 고속도로를 주행하던 중 갓길 우측에 정차되어 있던 화물차량의 후미 좌측 부분에 피고인 승합차의 전면 우측 부분을 고의로 추돌시키는 방법으로 교통사고를 위장하여 甲을 살해하였다는 내용으로 주위적으로 기소된 사안에서, 피고인이 고의로 甲을 살해하였다는 점이 합리적 의심을 배제할 정도로 증명되었다고 보아 유죄를 인정한 원심판결에 법리오해 등의 잘못이 있다고 한 사례

피고인이 피해자 갑과 혼인한 후 피보험자를 갑, 수익자를 피고인으로 하는 다수의 생명보험에 가입하였다가, 경제적 상황이 어려워지자 거액의 보험금을 지급받을 목적으로 자신의 승합차 조수석에 갑을 태우고 고속도로를 주행하던 중 갓길 우측에 정차되어 있던 화물차량의 후미 좌측 부분에 피고인 승합차의 전면 우측 부분을 고의로 추돌시키는 방법으로 교통사고를 위장하여 갑을 살해하였다는 내용으로 주위적으로 기소된 경우, 졸음운전인지 고의사고인지 단언할 수 있는 객관적 증거가 없으므로, 충분히 가능성이 있는 여러 의문을 떨쳐내고 고의사고라고 확신할 수 있을 만큼 간접증거나 정황증거가 충분하다거나 그러한 증거들만으로 살인의 공소사실을 인정할 수 있을 정도의 종합적 증명력을 가진다고 보기에는 더 세밀하게 심리하고 확인해야 할 부분이 많은데도, 피고인에게 충분히 수긍할 만한 살인의 동기가 존재하였는지, 범행방법의 선택과 관련하여 제기될 수 있는 의문점을 해소할 만한 특별한 사정이 있는지, 사고 당시의 상황이 고의로 유발되었다는 과학적 근거가 충분한지 등에 대한 치밀하고도 철저한 검증 없이, 피고인이 고의로 갑을 살해하였다는 점이 합리적 의심을 배제할 정도로 증명되었다고 보아 유죄를 인정한 원심판결

에 형사재판에서 요구되는 증명의 정도에 관한 법리를 오해하여 필요한 심리를 다하지 아니하거나 논리와 경험의 법칙에 반하여 자유심증주의의 한계를 벗어난 잘못이 있다(대법원 2017.5.30, 2017도1549).

●●○

## 073 금품수수 여부가 쟁점이 된 사건에서 금품수수자로 지목된 피고인이 수수사실을 부인하고 있고 이를 뒷받침할 금융자료 등 객관적 물증이 없는 경우, 금품을 제공하였다는 사람의 진술만으로도 유죄를 인정하기 위한 요건

다음은 대법원 2016.6.23, 2016도2889 판결을 문제로 만든 것이다. 잘 읽고 물음에 답하시오.

[제1문] 금품수수 여부가 쟁점이 된 사건에서 금품수수자로 지목된 피고인이 수수사실을 부인하고 있고 이를 뒷받침할 금융자료 등 객관적 물증이 없는 경우, 금품을 제공하였다는 사람의 진술만으로도 유죄를 인정할 수 있는가?

[제2문] 금품수수 여부가 쟁점이 된 사건에서 여러 차례에 걸쳐 금품을 제공하였다고 주장하는 사람의 진술을 신뢰할 수 있는지에 관하여 심사해 본 결과 그중 상당한 진술 부분을 그대로 믿을 수 없는 객관적인 사정 등이 밝혀짐에 따라 그 부분 진술의 신빙성을 배척하는 경우, 비록 나머지 일부 금품제공 진술 부분에 대하여는 이를 그대로 믿을 수 없는 객관적 사정 등이 직접 밝혀지지 않았다고 하더라도, 그 진술만을 내세워 함부로 나머지 일부 금품수수 사실을 인정하는 것은 원칙적으로 허용될 수 없는가?

[제3문] 금품 수수 여부가 쟁점이 된 사건에서 금품을 제공하였다는 사람의 진술에 대하여 제1심이 증인신문 절차 등을 거친 후에 합리적인 의심을 배제할 만한 신빙성이 없다고 보아 공소사실을 무죄로 판단하였는데 항소심이 제1심 증인 등을 다시 신문하는 등의 추가 증거조사를 거쳐 신빙성을 심사하여 본 결과 제1심이 들고 있는 의심과 일부 어긋날 수 있는 사실의 개연성이 드러남으로써 제1심 판단에 의문이 생긴 경우, 항소심은 그와 같은 일부 반대되는 사실에 관한 개연성 또는 의문만으로 그 진술의 신빙성 및 범죄의 증명이 부족하다는 제1심의 판단에 사실오인의 위법이 있다고 단정하여 공소사실을 유죄로 인정할 수 있는가?

[제1문]

(판례) 금품수수 여부가 쟁점이 된 사건에서 금품수수자로 지목된 피고인이 수수사실을 부인하고 있고 이를 뒷받침할 금융자료 등 객관적 물증이 없는 경우에 금품을 제공하였다는 사람의 진술만으로 유죄를 인정하기 위해서는 그 사람의 진술이 증거능력이 있어야 함은 물론 합리적인 의심을 배제할 만한 신빙성이 있어야 하고, 신빙성이 있는지 여부를 판단할 때에는 그 진술 내용 자체의 합리성, 객관적 상당성, 전후의 일관성뿐만 아니라 그의 인간됨, 그 진술로 얻게 되는 이해관계 유무, 특히 그에게 어떤 범죄의 혐의가 있고 그 혐의에 대하여 수사가 개시될 가능성이 있거나 수사가 진행 중인 경우에는 이를 이용한 협박이나 회유 등의 의심이 있어 그 진술의 증거능력이 부정되는 정도에까지 이르지 않는 경우에도 그로 인한 궁박한 처지에서 벗어나려는 노력이 진술에 영향을 미칠 수 있는지 여부 등도 아울러 살펴보아야 한다(대법원 2016.6.23, 2016도2889; 2016.2.18, 2015도11428).

**solution** 인정할 수 있다.

[제2문]

판례 금품수수 여부가 쟁점이 된 사건에서 여러 차례에 걸쳐 금품을 제공하였다고 주장하는 사람의 진술을 신뢰할 수 있는지에 관하여 심사해 본 결과 그중 상당한 진술 부분을 그대로 믿을 수 없는 객관적인 사정 등이 밝혀짐에 따라 그 부분 진술의 신빙성을 배척하는 경우라면, 여러 차례에 걸쳐 금품을 제공하였다는 진술의 신빙성은 전체적으로 상당히 약해졌다고 보아야 할 것이므로, 비록 나머지 일부 금품제공 진술 부분에 대하여는 이를 그대로 믿을 수 없는 객관적 사정 등이 직접 밝혀지지 않았다고 하더라도, 그 진술만을 내세워 함부로 나머지 일부 금품수수 사실을 인정하는 것은 원칙적으로 허용될 수 없다고 보아야 한다. 나머지 일부 금품수수 사실을 인정할 수 있으려면, 신빙성을 배척하는 진술 부분과는 달리 그 부분 진술만은 신뢰할 수 있는 근거가 확신할 수 있을 정도로 충분히 제시되거나, 그 진술을 보강할 수 있는 다른 증거들에 의하여 충분히 뒷받침되는 경우 등과 같이 합리적인 의심을 해소할 만한 특별한 사정이 존재하여야 한다(대법원 2016.6.23, 2016도2889; 2016.2.18, 2015도11428).

solution 원칙적으로 허용될 수 없다.

[제3문]

판례 금품수수 여부가 쟁점이 된 사건에서 금품을 제공하였다는 사람의 진술에 대하여 제1심이 증인신문 절차 등을 거친 후에 합리적인 의심을 배제할 만한 신빙성이 없다고 보아 공소사실을 무죄로 판단한 경우에, 항소심이 제1심 증인 등을 다시 신문하는 등의 추가 증거조사를 거쳐 그 신빙성을 심사하여 본 결과 제1심이 들고 있는 의심과 일부 어긋날 수 있는 사실의 개연성이 드러남으로써 제1심의 판단에 의문이 생긴다 하더라도, 제1심이 제기한 의심이 금품 제공과 양립할 수 없거나 그 진술의 신빙성 인정에 장애가 되는 사실의 개연성에 대한 합리성 있는 근거에 기초하고 있고 제1심의 증거조사 결과와 항소심의 추가 증거조사 결과에 의하여도 제1심이 일으킨 이러한 합리적인 의심을 충분히 해소할 수 있을 정도에까지 이르지 아니한다면, 그와 같은 일부 반대되는 사실에 관한 개연성 또는 의문만으로 그 진술의 신빙성 및 범죄의 증명이 부족하다는 제1심의 판단에 사실오인의 위법이 있다고 단정하여 공소사실을 유죄로 인정하여서는 아니 된다. 특히 항소심에서도 그 진술 중의 일부에 대하여 신빙성을 부정함으로써 그에 관한 제1심의 판단을 수긍하는 경우라면, 나머지 진술 부분에 대하여 신빙성을 부정한 제1심의 판단이 위법하다고 인정하기 위해서는 그 부분 진술만은 신뢰할 수 있는 확실한 근거가 제시되는 등의 특별한 사정이 있는지에 관하여 더욱 신중히 판단하여야 한다(대법원 2016.6.23, 2016도2889; 2016.2.18, 2015도11428).

solution 인정할 수 없다.

●●○

## 074 과학적 증거방법이 사실인정에서 상당한 정도의 구속력을 갖기 위한 요건

• 경찰1차 20, 국가9급 21, 국가9급개론 21

> 과학적 증거방법이 사실인정에 있어서 상당한 정도로 구속력을 갖기 위해서는, 감정인이 전문적인 지식 · 기술 · 경험을 가지고 공인된 표준 검사기법으로 분석한 후 법원에 제출하였다는 것으로 충분한가?

판례 과학적 증거방법이 사실인정에 있어서 상당한 정도로 구속력을 갖기 위해서는 감정인이 전문적인 지식 · 기술 · 경험을 가지고 공인된 표준 검사기법으로 분석한 후 법원에 제출하였다는 것만으로는 부족하고, 시료의 채취 · 보관 · 분석 등 모든 과정에서 시료의 동일성이 인정되고 인위적인 조작 · 훼손 · 첨가가 없었음이 담보되어야 하며 각 단계에서 시료에 대한 정확한 인수 · 인계 절차를 확인할 수 있는 기록이 유지되어야 한다. 피고인이 메트암페타민을 투약하였다고 하여 마약류 관리에 관한 법률 위반(향정)으로 기소되었는데, 공소사실을 부인하고 있고, 투약의 일시, 장소, 방법 등이 명확하지 못하며, 투약 사실에 대한 직접적인 증거로는 피고인의 소변과 머리카락에서 메트암페타민 성분이 검출되었다는 국립과학수사연구원의 감정 결과만 있는 경우, 감정물이 피고인으로부터 채취한 것과 동일하다고 단정하기 어려워 그 감정 결과의 증명력은 피고인의 투약 사실을 인정하기에 충분하지 않다(대법원 2018.2.8, 2017도14222).

보충 피고인은 경찰서에 출석하여 조사받으면서 투약혐의를 부인하고 소변과 머리카락을 임의로 제출하였는데, 경찰관이 조사실에서 아큐사인(AccuSign) 시약으로 피고인의 소변에 메트암페타민 성분이 있는지를 검사하였으나 결과가 음성이었던 점, 경찰관은 그 직후 피고인의 소변을 증거물 병에 담고 머리카락도 뽑은 후 별다른 봉인 조치 없이 조사실 밖으로 가지고 나간 점, 피고인의 눈앞에서 소변과 머리카락이 봉인되지 않은 채 반출되었음에도 그 후 조작·훼손·첨가를 막기 위하여 어떠한 조처가 행해졌고 누구의 손을 거쳐 국립과학수사연구원에 전달되었는지 확인할 수 없는 점, 감정물인 머리카락과 소변에 포함된 세포의 디엔에이(DNA) 분석 등 피고인의 것임을 과학적 검사로 확인한 자료가 없는 점 등 피고인으로부터 소변과 머리카락을 채취해 감정하기까지의 여러 사정을 종합하면, 국립과학수사연구원의 감정물이 피고인으로부터 채취한 것과 동일하다고 단정하기 어려워 그 감정 결과의 증명력은 피고인의 투약 사실을 인정하기에 충분하지 않다.

solution 충분하지 않다.

●●○

## 075 혈중알코올농도 측정 없이 위드마크 공식을 적용한 사건

판례 **범죄구성요건사실을 인정하기 위하여 과학공식 등의 경험칙을 이용하는 경우에 그 법칙 적용의 전제가 되는 개별적 · 구체적 사실에 대하여는 엄격한 증명**을 요한다. 위드마크 공식은 알코올을 섭취하면 최고 혈중알코올농도가 높아지고, 흡수된 알코올은 시간의 경과에 따라 일정하게 분해된다는 과학적 사실에 근거한 수학적인 방법에 따른 계산결과를 통해 운전 당시 혈중알코올농도를 추정하는 경험칙의 하나이므로, 그 적용을 위한 자료로 **섭취한 알코올의 양 · 음주시각 · 체중** 등이 필요하고 이에 관하여는 **엄격한 증명**이 필요하다. 나아가 위드마크 공식에 따른 혈중알코올농도의 추정방식에는 알코올의 흡수분배로 인한 최고 혈중알코올농도에 관한 부분과 시간경과에 따른 분해소멸에 관한 부분이 있고, 그 중 최고 혈중알코올농도의 계산에 관하여는 섭취한 알코올의 체내흡수율과 성별·비만도·나이·신장·체중 등이 결과에 영향을 미칠 수 있으며, 개인의 체질, 술의 종류, 음주속도, 음주 시 위장에 있는 음식의 정도 등에 따라 최고 혈중알코올농도에 이르는 시간이 달라질 수 있고, 알코올의 분해소멸에 관하여도 평소의 음주정도, 체질, 음주속도, 음주 후 신체활동의 정도 등이 시간당 알코올 분해량에 영향을 미칠 수 있는 등 음주 후 특정 시점의 혈중알코올농도에 영향을 줄 수 있는 다양한 요소가 존재한다. 한편, 형사재판에서 유죄의 인정은 법관으로 하여금 합리적인 의심을 할 여지가 없을 정도로 공소사실이 진실한 것이라는 확신을 가지게 할 수 있는 증명이 필요하므로, 위 영향요소를 적용할 때 피고인이 평균인이라고 쉽게 단정하여서는 아니 되고, 필요하다면 전문적인 학식이나 경험이 있는 자의 도움을 받아 객관적이고 합리적으로 혈중알코올농도에 영향을 줄 수 있는 요소를 확정하여야 한다. 만일 **위드마크 공식의 적용에 관해서 불확실한 점이 남아 있고 그것이 피고인에게 불이익하게 작용한다면, 그 계산결과는 합리적인 의심을 품게 하지 않을 정도의 증명력이 있다고 할 수 없다**(대법원 2000.11.24, 2000도2900 등). 혈중알코올농도 측정 없이 위드마크 공식을 사용해 피고인이 마신 술의 양을 기초로 피고인의 운전 당시 혈중알코올농도를 추산하는 경우로서 알코올의 분해소멸에 따른 혈중알코올농도의 감소기(위드마크 제2공식, 하강기)에 운전이 이루어진 것으로 인정되는 경우에는 피고인에게 가장 유리한 음주 시작 시점부터 곧바로 생리작용에 의하여 분해소멸이 시작되는 것으로 보아야 한다. 이와 다르게 음주 개시 후 특정 시점부터 알코올의 분해소멸이 시작된다고 인정하려면 알코올의 분해소멸이 시작되는 시점이 다르다는 점에 관한 과학적 증명 또는 객관적인 반대 증거가 있거나, 음주 시작 시점부터 알코올의 분해소멸이 시작된다고 보는 것이 그렇지 않은 경우보다 피고인에게 불이익하게 작용되는 특별한 사정이 있어야 한다. …… **섭취한 알코올의 양, 음주시**

간, 체중 등 위드마크 공식의 적용을 위한 자료에 관한 엄격한 증명도 없는 상태로, 혈중알코올농도의 측정 없이 위드마크 공식을 적용하여 혈중알코올농도의 감소기에 운전이 이루어진 것으로 인정함에 있어 음주 시작 시점부터 곧바로 분해소멸이 시작되는 것으로 보지 않았음에도 운전 당시 혈중알코올농도가 0.03% 이상임을 전제로 유죄 판결을 한 것은 위법하다(대법원 2022.5.12, 2021도14074).

●●○

## 076 1심의 판단을 2심이 함부로 뒤집을 수는 없다는 사례

항소심이 심리과정에서 심증 형성에 영향을 미칠 만한 객관적 사유가 새로 드러난 것이 없음에도 원칙적으로 제1심의 사실인정에 관한 판단을 재평가하여 사후심적으로 판단하여 뒤집을 수 있는가?

(판례) 현행 형사소송법상 항소심은 속심을 기반으로 하되 사후심적 요소도 상당 부분 들어 있는 이른바 사후심적 속심의 성격을 가지므로 항소심에서 제1심판결의 당부를 판단할 때에는 그러한 심급구조의 특성을 고려하여야 한다. 그러므로 항소심이 심리과정에서 심증의 형성에 영향을 미칠 만한 객관적 사유가 새로 드러난 것이 없음에도 제1심의 판단을 재평가하여 사후심적으로 판단하여 뒤집고자 할 때에는, **제1심의 증거가치 판단이 명백히 잘못되었다거나 사실인정에 이르는 논증이 논리와 경험법칙에 어긋나는 등으로 그 판단을 그대로 유지하는 것이 현저히 부당하다고 볼 만한 합리적인 사정이 있어야 하고, 그러한 예외적 사정도 없이 제1심의 사실인정에 관한 판단을 함부로 뒤집어서는 안 된다.** 그것이 형사사건의 실체에 관한 유죄·무죄의 심증은 법정 심리에 의하여 형성하여야 한다는 공판중심주의, 그리고 법관의 면전에서 직접 조사한 증거만을 재판의 기초로 삼는 것을 원칙으로 하는 실질적 직접심리주의의 정신에 부합한다(대법원 2017.3.22, 2016도18031).

solution 원칙적으로 뒤집을 수 없다.

●○○

## 077 증인 진술의 신빙성 유무에 대한 제1심의 판단을 항소심이 뒤집을 수 있는지 여부(원칙적 소극)

(판례) 제1심 증인이 한 진술에 대한 항소심의 신빙성 유무 판단은 원칙적으로 증인신문조서를 포함한 기록만을 그 자료로 삼게 되므로, 진술의 신빙성 유무 판단을 할 때 가장 중요한 요소 중의 하나라 할 수 있는 진술 당시 증인의 모습이나 태도, 진술의 뉘앙스 등을 그 평가에 반영하기가 어렵다. 이러한 사정을 고려하면, 제1심판결 내용과 제1심에서 증거조사를 거친 증거들에 비추어 제1심 증인이 한 진술의 신빙성 유무에 대한 제1심의 판단이 명백하게 잘못되었다고 볼 특별한 사정이 있거나, 제1심의 증거조사 결과와 항소심 변론종결 시까지 추가로 이루어진 증거조사 결과를 종합하면 제1심 증인이 한 진술의 신빙성 유무에 대한 제1심의 판단을 그대로 유지하는 것이 현저히 부당하다고 인정되는 **예외적인 경우가 아니라면, 항소심으로서는 제1심 증인이 한 진술의 신빙성 유무에 대한 제1심의 판단이 항소심의 판단과 다르다는 이유만으로 이에 대한 제1심의 판단을 함부로 뒤집어서는 안 된다**(대법원 2019.7.24, 2018도17748).

●○○
## 078 항소심이 심리과정에서 심증 형성에 영향을 미칠 만한 객관적 사유가 새로 드러난 것이 없음에도 제1심의 사실인정에 관한 판단을 재평가하여 사후심적으로 판단하여 뒤집을 수 없다는 사례

(판례) 형사소송법상 항소심은 속심을 기반으로 하되 사후심의 요소도 상당 부분 들어 있는 이른바 사후심적 속심의 성격을 가지므로 항소심에서 제1심 판결의 당부를 판단할 때에는 이러한 심급구조의 특성을 고려해야 한다. 항소심이 심리과정에서 심증의 형성에 영향을 미칠 만한 객관적 사유가 새로 드러난 것이 없는데도 제1심 판단을 재평가하여 사후심적으로 판단하여 뒤집고자 할 때에는, ① 제1심의 증거가치 판단이 명백히 잘못되었다거나 ② 사실인정에 이르는 논증이 논리와 경험의 법칙에 어긋나는 등 그 판단을 그대로 유지하는 것이 현저히 부당하다고 볼 만한 합리적인 사정이 있어야 하고, 그러한 예외적 사정도 없이 제1심의 사실인정에 관한 판단을 함부로 뒤집어서는 안 된다(대법원 1996.12.6, 96도2461; 2017.3.22, 2016도18031 등). 특히 공소사실을 뒷받침하는 증인 진술의 신빙성을 배척한 제1심 판단을 뒤집는 경우에는 무죄추정의 원칙과 형사증명책임의 원칙에 비추어 이를 수긍할 수 없는 충분하고도 납득할 만한 현저한 사정이 나타나는 경우라야 한다(대법원 2022.5.26, 2017도11582).

●●○
## 079 증인 진술의 신빙성을 부정한 제1심의 판단을 항소심이 뒤집을 수 있는 경우

(판례) 형사소송법이 채택하고 있는 실질적 직접심리주의의 정신에 비추어, 항소심으로서는 ① 제1심 증인이 한 진술의 신빙성 유무에 대한 제1심의 판단이 항소심의 판단과 다르다는 이유만으로 이에 대한 제1심의 판단을 함부로 뒤집어서는 아니되나, ② 제1심 증인이 한 진술의 신빙성 유무에 대한 제1심의 판단이 명백하게 잘못되었다고 볼 특별한 사정이 있거나, 제1심 증거조사 결과와 항소심 변론종결 시까지 추가로 이루어진 증거조사 결과를 종합하면 제1심 증인이 한 진술의 신빙성 유무에 대한 제1심의 판단을 그대로 유지하는 것이 현저히 부당하다고 인정되는 예외적인 경우에는 그러하지 아니하다(대법원 2021.6.10, 2021도2726).

# 3 자백배제법칙

## 4 위법수집증거배제법칙

### 080 피압수자의 참여권이 보장되지 않은 압수에 의한 압수물의 증거능력

• 법원9급 22

수원지방법원 판사는 2021.4.2.경 피고인 甲에 대하여 「성매매알선 등 행위의 처벌에 관한 법률」 위반(성매매알선등) 혐의로 체포영장을 발부하면서, 피고인이 사용 · 보관중인 휴대전화(성매매여성 등 정보가 보관되어 있는 저장장치 포함) 등에 대한 사전 압수 · 수색영장을 함께 발부하였다. 경기남부지방경찰청 소속 사법경찰관 P는 2021.4.15. 13:25경 피고인을 체포하면서 피고인 소유의 휴대전화를 압수하였다. 피고인은 당일 21:36분경 입감 되었다. 경찰관은 2021.4.16. 09:00경 이 사건 휴대전화를 탐색하던 중 성매매영업 매출액 등이 기재된 엑셀파일을 발견하였고, 이를 별도의 저장매체에 복제하여 출력한 후 이 사건 수사기록에 편철하였다. 그러나 이 사건 휴대전화 탐색 당시까지도 피고인은 경찰서 유치장에 입감된 상태였던 것으로 보인다. 사법경찰관은 2021.4.17.경 이 사건 엑셀파일 등에 대하여 사후 압수·수색영장을 발부받았다. 그러나 이 사건 휴대폰 내 전자정보 탐색 · 복제 · 출력과 관련하여 사전에 그 일시 · 장소를 통지하거나 피고인에게 참여의 기회를 보장하거나, 압수한 전자정보 목록을 교부하거나 또는 피고인이 그 과정에 참여하지 아니할 의사를 가지고 있는지 여부를 확인할 수 있는 어떤 객관적인 자료도 존재하지 않는다. 그렇다면 위 엑셀파일의 증거능력은 인정되는가?

(판례) 압수의 대상이 되는 전자정보와 그렇지 않은 전자정보가 혼재된 정보저장매체나 그 복제본을 압수·수색한 수사기관이 정보저장매체 등을 수사기관 사무실 등으로 옮겨 이를 탐색 · 복제 · 출력하는 경우, 그와 같은 일련의 과정에서 형사소송법 제219조, 제121조에서 규정하는 피압수 · 수색 당사자나 변호인에게 참여의 기회를 보장하고 압수된 전자정보의 파일 명세가 특정된 압수목록을 작성 · 교부하여야 하며 범죄혐의사실과 무관한 전자정보의 임의적인 복제 등을 막기 위한 적절한 조치를 취하는 등 영장주의 원칙과 적법절차를 준수하여야 한다. 만약 그러한 조치가 취해지지 않았다면 피압수자 측이 참여하지 아니한다는 의사를 명시적으로 표시하였거나 절차 위반행위가 이루어진 과정의 성질과 내용 등에 비추어 피압수자 측에 절차 참여를 보장한 취지가 실질적으로 침해되었다고 볼 수 없을 정도에 해당한다는 등의 특별한 사정이 없는 이상 압수 · 수색이 적법하다고 평가할 수 없고, 비록 수사기관이 정보저장매체 또는 복제본에서 범죄혐의사실과 관련된 전자정보만을 복제 · 출력하였다 하더라도 달리 볼 것은 아니다(대법원 2015.7.16, 2011모1839 전원합의체; 2021.11.18, 2016도348 전원합의체). 따라서 수사기관이 피압수자 측에게 참여의 기회를 보장하거나 압수한 전자정보 목록을 교부하지 않는 등 영장주의 원칙과 적법절차를 준수하지 않은 위법한 압수 · 수색 과정을 통하여 취득한 증거는 위법수집증거에 해당하고, 사후에 법원으로부터 영장이 발부되었다거나 피고인이나 변호인이 이를 증거로 함에 동의하였다고 하여 위법성이 치유되는 것도 아니다. 사법경찰관은 피고인을 유치장에 입감시킨 상태에서 휴대전화 내 전자정보를 탐색·복제·출력함으로써 참여의 기회를 배제한 상태에서 이 사건 엑셀파일을 탐색·복제·출력하였고, 압수한 전자정보 상세목록을 교부한 것으로 평가할 수 없어, 위 엑셀파일은 위법하게 수집된 증거로서 증거능력이 없고, 사후에 압수·수색영장을 발부받아 압수절차가 진행되었더라도 위법성이 치유되지 않는다(대법원 2022.7.28, 2022도2960).

solution 인정되지 않는다.

## 081 경미한 위법에 해당한다는 증명책임은 검사에게 있다는 사례

• 경찰1차 21, 경찰간부 20, 경찰승진 20

다음은 대법원 2017.9.21, 2015도12400 판결을 문제로 만든 것이다. 잘 읽고 물음에 답하시오.

[제1문] 전자정보가 담긴 저장매체 또는 복제본을 수사기관 사무실 등으로 옮겨 복제 · 탐색 · 출력하는 일련의 과정에서, 피압수자나 변호인에게 참여의 기회를 보장하고 혐의사실과 무관한 전자정보의 임의적인 복제 등을 막기 위한 적절한 조치를 취하지 않은 경우, 압수 · 수색은 원칙적으로 적법한가?

[제2문] 위 제1문의 경우, 수사기관이 저장매체 또는 복제본에서 혐의사실과 관련된 전자정보만을 복제 · 출력하였다면, 압수 · 수색은 원칙적으로 적법한가?

[제3문] 적법한 절차에 따르지 아니하고 수집한 증거를 예외적으로 유죄 인정의 증거로 사용할 수 있는 특별한 사정이 존재한다는 점에 대한 증명책임은 누구에게 있는가?

[제1문 · 제2문]

(판례) 형사소송법 제219조, 제121조는 '수사기관이 압수 · 수색영장을 집행할 때에는 피압수자 또는 변호인은 그 집행에 참여할 수 있다'는 취지로 규정하고 있다. 저장매체에 대한 압수 · 수색 과정에서 범위를 정하여 출력 또는 복제하는 방법이 불가능하거나 압수의 목적을 달성하기에 현저히 곤란한 예외적인 사정이 인정되어 전자정보가 담긴 저장매체 또는 하드카피나 이미징 등 형태(이하 '복제본'이라고 한다)를 수사기관 사무실 등으로 옮겨 복제 · 탐색 · 출력하는 경우에도, 그와 같은 일련의 과정에서 **피압수자나 변호인에게 참여의 기회를 보장하고 혐의사실과 무관한 전자정보의 임의적인 복제 등을 막기 위한 적절한 조치를 취하는 등 영장주의 원칙과 적법절차를 준수하여야 한다. 만약 그러한 조치를 취하지 않았다면** 피압수자 측이 참여하지 아니한다는 의사를 명시적으로 표시하였거나 절차 위반행위가 이루어진 과정의 성질과 내용 등에 비추어 피압수자 측에 절차 참여를 보장한 취지가 실질적으로 침해되었다고 볼 수 없을 정도에 해당한다는 등의 **특별한 사정이 없는 이상 압수 · 수색이 적법하다고 평가할 수 없고, 비록 수사기관이 저장매체 또는 복제본에서 혐의사실과 관련된 전자정보만을 복제 · 출력하였다고 하더라도 달리 볼 것은 아니다.**

**solution** [제1문] 원칙적으로 적법하지 않다.
[제2문] 원칙적으로 적법하지 않다.

[제3문]

(판례) 적법한 절차에 따르지 아니하고 수집한 증거는 증거로 할 수 없다(형사소송법 제308조의2). 다만 수사기관의 증거수집 과정에서 이루어진 절차 위반행위와 관련된 모든 사정을 전체적 · 종합적으로 살펴 볼 때, **수사기관의 절차 위반행위가 적법절차의 실질적인 내용을 침해하는 경우에 해당하지 아니하고, 오히려 그 증거의 증거능력을 배제하는 것이 헌법과 형사소송법이 형사소송에 관한 절차 조항을 마련하여 적법절차의 원칙과 실체적 진실 규명의 조화를 도모하고 이를 통하여 형사 사법 정의를 실현하려고 한 취지에 반하는 결과를 초래하는 것으로 평가되는 예외적인 경우**라면 법원은 그 증거를 유죄 인정의 증거로 사용할 수 있다. 그러나 구체적 사안이 위와 같은 예외적인 경우에 해당하는지를 판단하는 과정에서 적법한 절차를 따르지 않고 수집된 증거를 유죄의 증거로 삼을 수 없다는 원칙이 **훼손되지 않도록** 유념하여야 하고, 그러한 **예외적인 경우에 해당한다고 볼 만한 구체적이고 특별한 사정이 존재한다는 점은 검사가 증명하여야 한다.**

**solution** 검사

●○○
## 082 특별검사가 검찰을 통하여 또는 직접 청와대로부터 넘겨받은 청와대 문건 사건

(판례) 대통령비서실장인 피고인이 대통령의 뜻에 따라 정무수석비서관실과 교육문화수석비서관실 등 수석비서관실과 문화체육관광부에 문화예술진흥기금 등 정부의 지원을 신청한 개인·단체의 이념적 성향이나 정치적 견해 등을 이유로 한국문화예술위원회·영화진흥위원회·한국출판문화산업진흥원이 수행한 각종 사업에서 이른바 좌파 등에 대한 지원배제를 지시하였다는 직권남용권리행사방해의 공소사실로 기소된 경우, **특별검사가 검찰을 통하여 또는 직접 청와대로부터 넘겨받아 원심에 제출한 '청와대 문건'**은 '대통령기록물 관리에 관한 법률'을 위반하거나 공무상 비밀을 누설하여 수집된 것으로 볼 수 없어 위법수집증거가 아니므로 증거능력이 있다(대법원 2020.1.30, 2018도2236 전원합의체).

●●●
## 083 임의제출물의 영치와 위법수집증거배제법칙

• 경찰2차 21, 국가7급 16·17·20, 국가9급 21, 국가9급개론 21

> 다음은 대법원 2016.3.10, 2013도11233 판결을 문제로 만든 것이다. 잘 읽고 물음에 답하시오.
> [제1문] 검사 또는 사법경찰관이 영장 발부 사유로 된 범죄 혐의사실과 무관한 별개의 증거를 압수한 경우, 증거능력이 인정되는가?
> [제2문] 검사 또는 사법경찰관이 영장 발부 사유로 된 범죄 혐의사실과 무관한 별개의 증거를 압수하였으나 수사기관이 별개의 증거를 환부하고 후에 임의제출받아 다시 압수한 경우, (1) 제출에 임의성이 있다는 점에 관한 증명책임은 누구에게 있는가? (2) 제출의 임의성이 인정되는 경우 증거능력이 인정되는가?

[제1문]

(판례) 검사 또는 사법경찰관은 범죄수사에 필요한 때에는 피의자가 죄를 범하였다고 의심할 만한 정황이 있는 경우에 판사로부터 발부받은 영장에 의하여 압수·수색을 할 수 있으나, **압수·수색은 영장 발부의 사유로 된 범죄 혐의사실과 관련된 증거에 한하여 할 수 있으므로, 영장 발부의 사유로 된 범죄 혐의사실과 무관한 별개의 증거를 압수하였을 경우 이는 원칙적으로 유죄 인정의 증거로 사용할 수 없다.**

**solution** (원칙적으로) 증거능력이 부정된다.

[제2문]

(판례) **다만 수사기관이 별개의 증거를 피압수자 등에게 환부하고 후에 임의제출받아 다시 압수하였다면 증거를 압수한 최초의 절차 위반행위와 최종적인 증거수집 사이의 인과관계가 단절되었다고 평가할 수 있으나,** 환부 후 다시 제출하는 과정에서 수사기관의 우월적 지위에 의하여 임의제출 명목으로 실질적으로 강제적인 압수가 행하여질 수 있으므로, **제출에 임의성이 있다는 점에 관하여는 검사가 합리적 의심을 배제할 수 있을 정도로 증명하여야** 하고, 임의로 제출된 것이라고 볼 수 없는 경우에는 증거능력을 인정할 수 없다(대법원 2016.3.10, 2013도11233).

**solution** (1) 검사 (2) 증거능력이 인정된다.

(참고) **형사소송법 제308조의2(위법수집증거의 배제)** 적법한 절차에 따르지 아니하고 수집한 증거는 증거로 할 수 없다.
**형사소송법 제218조(영장에 의하지 아니한 압수)** 검사, 사법경찰관은 피의자 기타인의 유류한 물건이나 소유자, 소지자 또는 보관자가 임의로 제출한 물건을 영장없이 압수할 수 있다.

보충 [판결이유] ① 서울남부지방검찰청 수사관은 이 사건 영장으로 위 개포동 사무실에서 A로부터 'PC 1대', '□□□ 관련 서류 23박스', '△△△△△△, □□□ 매입·매출 등 전산자료 저장 USB 1개' 등을 압수하였는데, 위와 같이 압수된 증거들은 그 영장에 기재된 혐의사실과 무관한 증거인 사실, ② 수사기관은 위 개포동 사무실을 압수·수색함에 있어 상세 압수목록을 피압수자 등에게 교부하지 않았을 뿐만 아니라 위 개포동 사무실에서 압수한 증거들에 대하여 압수조서조차 작성하지 아니한 사실, ③ 검사는 위 개포동 사무실에서 압수한 증거들을 피압수자에게 반환하는 등의 조치를 취하지 않고 보유하고 있다가, 2009.5.1.에 이르러 피고인 갑의 동생인 B를 검사실로 불러 '일시 보관 서류 등의 목록', 압수물건 수령서 및 승낙서를 작성하게 한 다음, 당시 검사실로 오게 한 세무공무원 C에게 이를 제출하도록 한 사실, ④ B가 그때 작성한 압수물건 수령서 및 승낙서에 첨부된 '일시 보관 서류 등의 목록'에 위 USB는 기재되어 있지 않은 사실, ⑤ B가 위와 같이 압수물건 수령서 및 승낙서를 작성할 당시 피고인 甲은 구속상태에서 배임수재 등 혐의로 재판을 받고 있었던 사실, ⑥ B는 제1심에서부터 '당시 검사가 자료 인계를 요청하면서 이에 응하지 않을 경우 형인 피고인 甲 및 자신의 사업에 대하여도 불이익이 있을 것이라고 위협하였다'는 취지의 진술을 하였던 사실 등을 알 수 있다.
이러한 사실관계에 의하여 알 수 있는 위 USB의 압수 경위, 수사기관이 위 USB를 보유하고 있던 기간, B가 압수물건 수령서 및 승낙서를 제출할 당시의 객관적 상황과 그 경위, B가 작성한 '일시 보관 서류 등의 목록'의 내용 등을 위 법리에 비추어 보면, 과연 B가 수사기관으로부터 위 USB를 돌려받았다가 다시 세무공무원 C에게 제출한 것인지 의심스러울 뿐만 아니라, 설령 B가 위 USB를 세무공무원 C에게 제출하였다고 하더라도 그 제출에 임의성이 있는지가 합리적인 의심을 배제할 정도로 증명되었다고 할 수 없으므로, **B가 위와 같이 압수물건 수령서 및 승낙서를 제출하였다는 사정만으로 이 사건 영장에 기재된 범죄 혐의사실과 무관한 증거인 위 USB가 압수되었다는 절차 위반행위와 최종적인 증거수집 사이의 인과관계가 단절되었다고 보기 어렵다.** 따라서 **위 USB 및 그에 저장되어 있던 영업실적표는 증거능력이 없다**고 할 것이다.

## 084 판사의 날인이 누락된 압수수색영장에 기초하여 수집한 증거가 위법수집증거에 해당하는지 여부에 관한 사건

• 경찰승진 20, 국가9급 21, 변호사시험 21

[제1문] S지방법원 영장담당판사가 발부한 압수수색검증영장은 판사의 서명날인란에는 서명만 있고 그 옆에 날인이 없다. 위 영장에 기하여 이루어진 압수는 적법할 수 있는가?

[제2문] 전자정보가 담긴 저장매체 또는 복제본을 수사기관 사무실 등으로 옮겨 복제 · 탐색 · 출력하는 경우, 피압수자 측이 위와 같은 절차나 과정에 참여하지 않는다는 의사를 명시적으로 표시하였거나 절차 위반행위가 이루어진 과정의 성질과 내용 등에 비추어 피압수자에게 절차 참여를 보장한 취지가 실질적으로 침해되었다고 볼 수 없는 경우, 압수 · 수색은 적법한가?

[제1문]

판례 이 사건 파일 출력물이 위와 같이 **적법하지 않은 영장에 기초하여 수집되었다는 절차상의 결함이 있지만**, 이는 법관이 공소사실과 관련성이 있다고 판단하여 발부한 영장에 기초하여 취득된 것이고, 위와 같은 결함은 피고인의 기본적 인권보장 등 법익 침해 방지와 관련성이 적다. 이 사건 파일 출력물의 취득 과정에서 **절차 조항 위반의 내용과 정도가 중대하지 않고 절차 조항이 보호하고자 하는 권리나 법익을 본질적으로 침해하였다고 볼 수 없다.** 오히려 이러한 경우에까지 공소사실과 관련성이 높은 이 사건 파일 출력물의 증거능력을 배제하는 것은 적법절차의 원칙과 실체적 진실 규명의 조화를 도모하고 이를 통하여 형사 사법 정의를 실현하려는 취지에 반하는 결과를 초래할 수 있다. **요컨대, 이 사건 영장이 형사소송법이 정한 요건을 갖추지 못하여 적법하게 발부되지 못하였다고 하더라도, 그 영장에 따라 수집한 이 사건 파일 출력물의 증거능력을 인정할 수 있다.** 이에 기초하여 획득한 2차적 증거인 위 각 증거 역시 증거능력을 인정할 수 있다(대법원 2019.7.11, 2018도20504).

solution 적법할 수 있다.

[제2문]

판례 형사소송법 제219조, 제121조는 '수사기관이 압수·수색영장을 집행할 때에는 피압수자 또는 변호인은 그 집행에 참여할 수 있다.'고 정하고 있다. 저장매체에 대한 압수·수색 과정에서 범위를 정하여 출력·복제하는 방법이 불가능하거나 압수의 목적을 달성하기에 현저히 곤란한 예외적인 사정이 인정되어 전자정보가 담긴 저장매체, 하드카피나 이미징(imaging) 등 형태(이하 '복제본')를 수사기관 사무실 등으로 옮겨 복제·탐색·출력하는 경우에도, 피압수자나 변호인에게 참여 기회를 보장하고 혐의사실과 무관한 전자정보의 임의적인 복제 등을 막기 위한 적절한 조치를 취하는 등 영장주의 원칙과 적법절차를 준수하여야 한다. 만일 그러한 조치를 취하지 않았다면 압수·수색이 적법하다고 평가할 수 없다. 다만 **피압수자 측이 위와 같은 절차나 과정에 참여하지 않는다는 의사를 명시적으로 표시하였거나 절차 위반행위가 이루어진 과정의 성질과 내용 등에 비추어 피압수자에게 절차 참여를 보장한 취지가 실질적으로 침해되었다고 볼 수 없는 경우에는 압수·수색의 적법성을 부정할 수 없다.** 이는 수사기관이 저장매체 또는 복제본에서 혐의사실과 관련된 전자정보만을 복제·출력한 경우에도 마찬가지이다(대법원 2019.7.11, 2018도20504).

solution 적법하다.

●●○

## 085 외국인 체포 시 영사통보권 불고지 사건

판례 (수사기관이 외국인을 체포하거나 구속하면서 지체 없이 영사통보권 등이 있음을 고지하지 않았다면 수사절차는 위법함) 영사관계에 관한 비엔나협약(Vienna Convention on Consular Relations, 1977. 4. 6. 대한민국에 대하여 발효된 조약 제594호, 이하 '협약'이라 한다) 제36조 제1항 (b)호, 경찰수사규칙 제91조 제2항, 제3항이 **외국인을 체포·구속하는 경우 지체 없이 외국인에게 영사통보권 등이 있음을 고지하고, 외국인의 요청이 있는 경우 영사기관에 체포·구금 사실을 통보**하도록 정한 것은 외국인의 본국이 자국민의 보호를 위한 조치를 취할 수 있도록 협조하기 위한 것이다. 따라서 **수사기관이 외국인을 체포하거나 구속하면서 지체 없이 영사통보권 등이 있음을 고지하지 않았다면 체포나 구속 절차는 국내법과 같은 효력을 가지는 협약 제36조 제1항 (b)호를 위반한 것으로 위법**하다. …… 적법한 절차에 따르지 아니하고 수집한 증거는 증거로 할 수 없다(형사소송법 제308조의2). 다만 수사기관의 절차 위반행위가 적법절차의 실질적인 내용을 침해하는 경우에 해당하지 않고, 오히려 그 증거의 증거능력을 배제하는 것이 헌법과 형사소송법이 형사소송에 관한 절차 조항을 마련하여 적법절차의 원칙과 실체적 진실 규명의 조화를 도모하고 이를 통하여 형사 사법 정의를 실현하려고 한 취지에 반하는 결과를 초래하는 것으로 평가되는 **예외적인 경우라면 법원은 그 증거를 유죄 인정의 증거로 사용할 수 있다.** 이 사건에서 사법경찰관이 피고인을 현행범인으로 체포할 당시 피고인이 인도네시아 국적의 외국인이라는 사실이 명백했는데도 피고인에게 영사통보권 등을 고지하지 않았으므로 이 사건 체포나 구속 절차는 협약 제36조 제1항 (b)호를 위반하여 위법하다. 다만, 이 사건에서 피고인이 영사통보권 등을 고지받았더라도 영사의 조력을 구하였으리라고 보기 어려운 점, 수사기관이 피고인에게 영사통보권 등을 고지하지 않았더라도 그로 인해 피고인에게 실질적인 불이익이 초래되었다고 볼 수 없는 점 등에 비추어보면 이 사건 체포나 구속 절차에 협약 제36조 제1항 (b)호를 위반한 위법이 있더라도 **절차 위반의 내용과 정도가 중대하거나 절차 조항이 보호하고자 하는 외국인 피고인의 권리나 법익을 본질적으로 침해하였다고 볼 수 없으므로** 이 사건 체포나 구속 이후 수집된 증거와 이에 기초한 증거들은 **위법수집 배제 원칙의 예외**에 해당하여 **유죄 인정의 증거로 사용할 수 있다**(대법원 2022.4.28, 2021도17103).

## 5 전문법칙

### 086 "피해자로부터 '피고인이 추행했다'는 취지의 말을 들었다."는 증인의 법정진술에 대한 전문법칙의 적용 여부

증인 양○○는 제1심 법정에서 "피해자 乙로부터 '피고인 甲이 나를 추행했다'는 취지의 말을 들었다."고 진술하였다. 그렇다면 양○○의 위 진술이 피해자 乙의 진술에 부합한다고 보아 양○○의 위 진술을 피해자의 진술 내용의 진실성을 증명하는 '간접사실'로 사용하는 경우, 위 양○○의 진술은 전문증거에 해당하는가?

(판례) 다른 사람의 진술을 내용으로 하는 진술이 전문증거인지는 요증사실이 무엇인지에 따라 정해진다. 다른 사람의 진술, 즉 **원진술의 내용인 사실이 요증사실인 경우에는 전문증거이지만, 원진술의 존재 자체가 요증사실인 경우에는 본래증거이지 전문증거가 아니다.** 어떤 진술 내용의 진실성이 범죄사실에 대한 직접증거로 사용될 때는 전문증거가 되지만, 그와 같은 진술을 하였다는 것 자체 또는 진술의 진실성과 관계없는 간접사실에 대한 정황증거로 사용될 때는 반드시 전문증거가 되는 것이 아니다. 그러나 **어떠한 내용의 진술을 하였다는 사실 자체에 대한 정황증거로 사용될 것이라는 이유로 진술의 증거능력을 인정한 다음 '그 사실을 다시 진술 내용이나 그 진실성을 증명하는 간접사실로 사용하는 경우'에 그 진술은 전문증거에 해당한다.** 그 진술에 포함된 원진술의 내용인 사실을 증명하는 데 사용되어 원진술의 내용인 사실이 요증사실이 되기 때문이다. 이러한 경우 형사소송법 제311조부터 제316조까지 정한 요건을 충족하지 못한다면 증거능력이 없다(대법원 2019.8.29, 2018도13792 전원합의체; 2021.2.25, 2020도17109).

(보충) 증인 양○○의 제1심 법정진술 중 "피해자로부터 '피고인이 추행했다'는 취지의 말을 들었다."는 진술이 피해자의 진술에 부합한다고 보아 **양○○의 위 진술을 피해자의 진술 내용의 진실성을 증명하는 간접사실로 사용**할 경우 양○○의 진술은 전문증거에 해당한다. 그런데 형사소송법 제310조의2, **제316조 제2항의 요건을 갖추지 못하므로 증거능력이 없다.**

solution 전문증거에 해당한다.

### 087 사법경찰관 작성의 피의자신문조서의 증거능력

• 경찰1차 16·17·20, 경찰2차 12·17·20, 경찰간부 15, 경찰승진 20, 국가7급 15, 국가9급 17·20, 법원9급 15, 변호사시험 21

다음은 대법원 2013.3.28, 2010도3359 판결을 문제로 만든 것이다. 잘 읽고 물음에 답하시오.

[제1문] 피의자가 변호인의 참여를 원한다는 의사를 명백하게 표시하였음에도 수사기관이 정당한 사유 없이 변호인을 참여하게 하지 아니한 채 피의자를 신문하여 작성한 피의자신문조서는 증거능력이 인정되는가?

[제2문] 진술거부권 행사 여부에 대한 피의자의 답변이 자필로 기재되어 있지 아니하거나 그 답변 부분에 피의자의 기명날인 또는 서명이 되어 있지 아니한 사법경찰관 작성의 피의자신문조서는 증거능력이 인정되는가?

[제1문]

판례 헌법 제12조 제1항, 제4항 본문, 형사소송법 제243조의2 제1항 및 그 입법 목적 등에 비추어 보면, 피의자가 변호인의 참여를 원한다는 의사를 명백하게 표시하였음에도 수사기관이 정당한 사유 없이 변호인을 참여하게 하지 아니한 채 피의자를 신문하여 작성한 피의자신문조서는 형사소송법 제312조에 정한 '적법한 절차와 방식'에 위반된 증거일 뿐만 아니라, 형사소송법 제308조의2에서 정한 '적법한 절차에 따르지 아니하고 수집한 증거'에 해당하므로 이를 증거로 할 수 없다(대법원 2014.4.10, 2014도1779; 대법원 2013.3.28, 2010도3359).

solution 증거능력이 인정되지 않는다.

[제2문]

판례 헌법 제12조 제2항, 형사소송법 제244조의3 제1항, 제2항, 제312조 제3항에 비추어 보면, 비록 사법경찰관이 피의자에게 진술거부권을 행사할 수 있음을 알려 주고 그 행사 여부를 질문하였다 하더라도, 형사소송법 제244조의3 제2항에 규정한 방식에 위반하여 진술거부권 행사 여부에 대한 피의자의 답변이 자필로 기재되어 있지 아니하거나 그 답변 부분에 피의자의 기명날인 또는 서명이 되어 있지 아니한 사법경찰관 작성의 피의자신문조서는 특별한 사정이 없는 한 형사소송법 제312조 제3항에서 정한 '적법한 절차와 방식'에 따라 작성된 조서라 할 수 없으므로 그 증거능력을 인정할 수 없다(대법원 2014.4.10, 2014도1779; 대법원 2013.3.28, 2010도3359).

solution 증거능력이 인정되지 않는다.

보충 [판결이유] 기록에 의하면, **공소외 A에 대한 사법경찰관 작성의 피의자신문조서**에는 "피의자는 진술거부권과 변호인의 조력을 받을 권리들이 있음을 고지받았는가요?"라는 질문에 "예, 고지를 받았습니다."라는 답변이, "피의자는 진술거부권을 행사할 것인가요?"라는 질문에 "행사하지 않겠습니다."라는 답변이 기재되어 있기는 하나 그 답변은 A의 자필로 기재된 것이 아니고, 각 답변란에 무인(拇印)이 되어 있기는 하나 조서 말미와 간인으로 되어 있는 A의 무인과 달리 흐릿하게 찍혀 있는 사실을 알 수 있다. 위 법리에 비추어 보면 **공소외 A에 대한 사법경찰관 작성의 피의자신문조서는 형사소송법 제312조 제3항에서 정하는 '적법한 절차와 방식'에 따라 작성된 조서로 볼 수 없으므로 이를 증거로 쓸 수 없다**고 할 것이다.

## 088 수사과정에서 작성된 진술조서의 증거능력

• 경찰1차 20, 경찰2차 21, 경찰승진 20, 변호사시험 17·21, 국가7급 16

피고인이 아닌 자가 수사과정에서 진술서를 작성하였지만 수사기관이 그에 대한 조사과정을 기록하지 아니하여 형사소송법 제244조의4 제3항, 제1항에서 정한 절차를 위반한 경우, 그 진술조서는 증거능력이 인정되는가?

판례 [1] 형사소송법 제312조 제4항은 검사 또는 사법경찰관이 피고인이 아닌 자의 진술을 기재한 조서의 증거능력이 인정되려면 '적법한 절차와 방식에 따라 작성된 것'이어야 한다고 규정하고 있다. 여기서 적법한 절차와 방식에 따라 작성한다는 것은 피고인이 아닌 자의 진술에 대한 조서 작성 과정에서 지켜야 할 형사소송법이 정한 여러 절차를 준수하고 조서의 작성 방식에도 어긋남이 없어야 한다는 것을 의미한다(대법원 2012.5.24, 2011도7757; 2013.3.28, 2010도3359 등 참조). 그리고 형사소송법 제312조 제5항은 피고인 또는 피고인이 아닌 자가 수사과정에서 작성한 진술서의 증거능력에 관하여는 형사소송법 제312조 제1항부터 제4항까지 준용하도록 규정하고 있으므로, 위와 같은 법리는 피고인이 아닌 자가 수사과정에서 작성한 진술서의 증거능력에 관하여도 그대로 적용된다고 할 것이다(대법원 2015.4.23, 2013도3790).
[2] 형사소송법 제221조 제1항에서 검사 또는 사법경찰관은 수사에 필요한 때에는 피의자가 아닌 자의

출석을 요구하여 진술을 들을 수 있다고 규정하고, 제244조의4 제3항, 제1항에서 검사 또는 사법경찰관이 피의자가 아닌 자를 조사하는 경우에는 피의자를 조사하는 경우와 마찬가지로 조사장소에 도착한 시각, 조사를 시작하고 마친 시각, 그 밖에 조사과정의 진행경과를 확인하기 위하여 필요한 사항을 조서에 기록하거나 별도의 서면에 기록한 후 수사기록에 편철하여야 한다고 규정하고 있다. 이와 같이 수사기관으로 하여금 피의자가 아닌 자를 조사할 수 있도록 하면서도 그 조사과정을 기록하도록 한 취지는 수사기관이 조사과정에서 피조사자로부터 진술증거를 취득하는 과정을 투명하게 함으로써 그 과정에서의 절차적 적법성을 제도적으로 보장하려는 데 있다. 따라서 수사기관이 수사에 필요하여 피의자가 아닌 자를 조사하는 과정에서 그 진술을 청취하여 증거로 남기는 방법으로 진술조서가 아닌 진술서를 작성·제출받는 경우에도 그 절차는 준수되어야 할 것이다. 이러한 형사소송법의 규정 및 그 입법 목적 등을 종합하여 보면, 피고인이 아닌 자가 수사과정에서 진술서를 작성하였지만 수사기관이 그에 대한 조사과정을 기록하지 아니하여 형사소송법 제244조의4 제3항, 제1항에서 정한 절차를 위반한 경우에는, 특별한 사정이 없는 한 '적법한 절차와 방식'에 따라 수사과정에서 진술서가 작성되었다 할 수 없으므로 그 증거능력을 인정할 수 없다(대법원 2015.4.23, 2013도3790).

solution 증거능력이 인정되지 않는다.

●●●

## 089 진술조서의 진정성립의 입증방법으로 '그 밖의 객관적인 방법'

• 경찰1차 17, 경찰2차 11, 경찰간부 17, 국가9급 16·17, 국가7급 16, 법원9급 20

진술조서에 대한 실질적 진정성립을 증명할 수 있는 수단으로서 형사소송법 제312조 제4항에 규정된 '영상녹화물이나 그 밖의 객관적인 방법'에 조사관 또는 조사 과정에 참여한 통역인 등의 증언도 포함되는가?

판례 실질적 진정성립을 증명할 수 있는 방법으로서 형사소송법 제312조 제4항(원래는 구법 제312조 제1항에 대한 판례이나, 2020.2.4. 개정법에 의하면 동 제4항에 적용될 수 있음)에 예시되어 있는 영상녹화물의 경우 형사소송법 및 형사소송규칙에 의하여 영상녹화의 과정, 방식 및 절차 등이 엄격하게 규정되어 있는데다 진술자의 진술을 비롯하여 수사기관의 조사 방식 및 피의자의 답변 태도 등 조사의 전 과정이 모두 담겨 있어 진술자의 진술 내용 및 취지를 과학적 · 기계적으로 재현해 낼 수 있으므로 조서의 내용과 검사 앞에서의 진술 내용을 대조할 수 있는 수단으로서의 객관성이 보장되어 있다고 볼 수 있으나, 진술자를 조사하였거나 조사에 참여하였던 자들의 증언은 오로지 증언자의 주관적 기억 능력에 의존할 수밖에 없어 객관성이 보장되어 있다고 보기 어렵다. 결국 진술조서에 대한 실질적 진정성립을 증명할 수 있는 수단으로서 형사소송법 제312조 제4항에 규정된 '영상녹화물이나 그 밖의 객관적인 방법'이란 형사소송법 및 형사소송규칙에 규정된 방식과 절차에 따라 제작된 영상녹화물 또는 그러한 영상녹화물에 준할 정도로 진술자의 진술을 과학적 · 기계적 · 객관적으로 재현해 낼 수 있는 방법만을 의미하고, 그 외에 조사관 또는 조사 과정에 참여한 통역인 등의 증언은 이에 해당한다고 볼 수 없다(대법원 2016.2.18, 2015도16586).

solution 포함되지 않는다.

## 090 진술조서의 실질적 진정성립의 대체증명 수단인 영상녹화물의 요건

사법경찰관 P는 피해자 A 등의 진술을 영상녹화하면서 사전에 영상녹화에 동의한다는 취지의 서면 동의서를 받지 않았고, A 등 피해자들이 조서를 열람하는 도중 영상녹화가 중단되어 조서 열람과정 일부와 조서에 기명날인 또는 서명을 마치는 과정이 영상녹화물에 녹화되지 않았다. 이 경우 위 영상녹화물에 의하여 피해자들에 대한 진술조서의 실질적 진정성립을 인정할 수 있는가?

(판례) 형사소송법과 형사소송규칙의 규정 내용과 취지에 비추어 보면, 수사기관이 작성한 피고인이 아닌 자의 진술을 기재한 조서에 대하여 실질적 진정성립을 증명하기 위해 영상녹화물의 조사를 신청하려면 **영상녹화를 시작하기 전에 피고인 아닌 자의 동의를 받고 그에 관해서 피고인 아닌 자가 기명날인 또는 서명한 영상녹화 동의서를 첨부하여야 하고, 조사가 개시된 시점부터 조사가 종료되어 참고인이 조서에 기명날인 또는 서명을 마치는 시점까지 조사 전 과정이 영상녹화**되어야 하므로 **이를 위반한 영상녹화물에 의하여는 특별한 사정이 없는 한 피고인 아닌 자의 진술을 기재한 조서의 실질적 진정성립을 증명할 수 없다.** …… 증거능력이 인정되지 않는 전문증거에 대하여 예외적으로 증거능력을 부여하기 위한 요건을 정한 법조항은 엄격하게 해석·적용되어야 한다는 전제에서, 형사소송법 제312조 제4항에서 조서의 실질적 진정성립을 증명하기 위한 수단으로 규정하는 **영상녹화물도 형사소송법과 형사소송규칙에서 정한 방식과 절차에 따라 제작·조사 신청되어야 하고, 만일 이를 위반하였다면 특별한 사정이 없는 한 그러한 영상녹화물에 의하여는 조서의 실질적 진정성립이 증명되지 않는다**고 보아야 하므로, 사전에 피해자들로부터 서면동의를 받지 않고 조사 전 과정이 녹화되지 않은 영상녹화물에 의하여 피해자들에 대한 진술조서의 실질적 진정성립을 인정할 수 없다(대법원 2022.6.16, 2022도364).

(유사판례) 형사소송법 제312조 제4항이 실질적 진정성립을 증명할 수 있는 방법으로 규정하는 영상녹화물에 대하여는 형사소송법 및 형사소송규칙에서 영상녹화의 과정, 방식 및 절차 등을 엄격하게 규정하고 있으므로(형사소송법 제221조 제1항 후문, 형사소송규칙 제134조의2, 제134조의3) **수사기관이 작성한 피고인 아닌 자의 진술을 기재한 조서에 대한 실질적 진정성립을 증명할 수 있는 수단으로서 형사소송법 제312조 제4항에 규정된 '영상녹화물'이라 함은 형사소송법 및 형사소송규칙에 규정된 방식과 절차에 따라 제작되어 조사 신청된 영상녹화물을 의미한다고 봄이 타당하다**(대법원 2016.2.18, 2015도16586 참조).

보충 형사소송법은 제221조 제1항 후문에서 "검사 또는 사법경찰관은 피의자가 아닌 자의 출석을 요구하여 진술을 들을 경우 그의 동의를 받아 영상녹화할 수 있다"고 규정하고 있고, 형사소송규칙은 제134조의3에서 검사는 피의자가 아닌 자가 공판준비 또는 공판기일에서 조서가 자신이 검사 또는 사법경찰관 앞에서 진술한 내용과 동일하게 기재되어 있음을 인정하지 아니하는 경우 그 부분의 성립의 진정을 증명하기 위하여 영상녹화물의 조사를 신청할 수 있고(제1항), 검사가 이에 따라 영상녹화물의 조사를 신청하는 때에는 피의자가 아닌 자가 영상녹화에 동의하였다는 취지로 기재하고 기명날인 또는 서명한 서면을 첨부하여야 하며(제2항), 조사 신청한 영상녹화물은 조사가 개시된 시점부터 조사가 종료되어 피의자 아닌 자가 조서에 기명날인 또는 서명을 마치는 시점까지 전 과정이 영상녹화된 것으로서 피의자 아닌 자의 진술이 영상녹화되고 있다는 취지의 고지, 영상녹화를 시작하고 마친 시각 및 장소의 고지, 신문하는 검사 또는 사법경찰관과 참여한 자의 성명과 직급의 고지, 조사를 중단·재개하는 경우 중단 이유와 중단 시각, 중단 후 재개하는 시각, 조사를 종료하는 시각의 내용을 포함하는 것이어야 한다고 규정하고 있다(제3항에 의하여 제134조의2 제3항 제1호부터 3호, 제5호, 제6호를 준용한다). 형사소송규칙에서 피의자 아닌 자가 기명날인 또는 서명한 영상녹화 동의서를 첨부하도록 한 취지는 피의자 아닌 자의 영상녹화에 대한 진정한 동의를 받아 영상녹화를 시작했는지를 확인하기 위한 것이고, 조사가 개시된 시점부터 조사가 종료되어 조서에 기명날인 또는 서명을 마치는 시점까지 조사 전 과정이 영상녹화된 것을 요구하는 취지는 진술 과정에서 연출이나 조작을 방지하여야 할 필요성이 인정되기 때문이다.

**solution** 인정할 수 없다.

참고 **형사소송법 제312조(검사 또는 사법경찰관의 조서 등)** ④ 검사 또는 사법경찰관이 피고인이 아닌 자의 진술을 기재한 조서는 적법한 절차와 방식에 따라 작성된 것으로서 그 조서가 검사 또는 사법경찰관 앞에서 진술한 내용과 동일하게 기재되어 있음이 원진술자의 공판준비 또는 공판기일에서의 진술이나 영상녹화물 또는 그 밖의 객관적인 방법에 의하여 증명되고, 피고인 또는 변호인이 공판준비 또는 공판기일에 그 기재 내용에 관하여 원진술자를 신문할 수 있었던 때에는 증거로 할 수 있다. 다만, 그 조서에 기재된 진술이 특히 신빙할 수 있는 상태하에서 행하여졌음이 증명된 때에 한한다.

●●●
## 091 영상녹화물의 증거능력

• 경찰1차 20, 경찰2차 20, 경찰간부 17, 경찰승진 20, 국가7급 16, 법원9급 17·20·21, 변호사시험 21

> 다음은 대법원 2014.7.10, 2012도5041 판결을 문제로 만든 것이다. 잘 읽고 물음에 답하시오.
> [제1문] 수사기관이 존속살해방조 사건과 관련하여 참고인 A를 조사하는 과정에서 진술조서의 작성 없이 그 진술을 형사소송법 제221조 제1항에 따라 영상녹화한 경우, 영상녹화물은 공소사실을 직접 증명할 수 있는 독립적인 증거로 사용할 수 있는가?
> [제2문] 참고인 A의 진술을 내용으로 하는 영상녹화물은 공판준비 또는 공판기일에서의 참고인 A의 진술의 증명력을 다투기 위한 탄핵증거로 사용할 수 있는가?

(판례) 2007.6.1. 법률 제8496호로 개정되기 전의 형사소송법에는 없던 수사기관에 의한 피의자 아닌 자(이하 '참고인'이라 한다) 진술의 영상녹화를 새로 정하면서 **그 용도를 참고인에 대한 진술조서의 실질적 진정성립을 증명하거나 참고인의 기억을 환기시키기 위한 것으로 한정**하고 있는 현행 형사소송법의 규정 내용을 **영상물에 수록된 성범죄 피해자의 진술에 대하여 독립적인 증거능력을 인정하고 있는 성폭력범죄의 처벌 등에 관한 특례법 제30조 제6항 또는 아동 · 청소년의 성보호에 관한 법률 제26조 제6항의 규정과 대비하여 보면, 수사기관이 참고인을 조사하는 과정에서 형사소송법 제221조 제1항에 따라 작성한 영상녹화물은**, 다른 법률에서 달리 규정하고 있는 등의 특별한 사정이 없는 한, **공소사실을 직접 증명할 수 있는 독립적인 증거로 사용될 수는 없다**고 해석함이 타당하다(대법원 2014.7.10, 2012도5041).

**solution** [제1문] 사용할 수 없다.
[제2문] 사용할 수 없다.

보충 [제1문] 피고인의 증거동의가 없는 이상, 참고인 A에 대한 진술조서의 작성이 없는 상태에서 수사기관이 그의 진술을 영상녹화한 영상녹화물만을 독자적인 증거로 쓸 수 없고 그 녹취록 또한 증거로 사용할 수 없는 위 영상녹화물의 내용을 그대로 녹취한 것이므로 역시 증거로 사용할 수 없다고 한 사례.

보충 [제2문] 형사소송법은 영상녹화물의 용도를 참고인에 대한 진술조서의 실질적 진정성립을 증명하거나 참고인의 기억을 환기시키기 위한 것으로 한정하고 있다(대법원 2014.7.10, 2012도5041). 따라서 영상녹화물은 피고인의 진술의 증명력을 다투기 위한 탄핵증거로도 사용할 수 없다. ※ 형사소송법 제312조 제4항 및 형사소송법 제318조의2 제2항 참조.

●●○
## 092 영상물에 수록된 19세 미만 성폭력범죄 피해자 진술에 관한 증거능력 특례조항 사건

> 성폭력범죄의 처벌 등에 관한 특례법 제30조 제6항 중 '제1항에 따라 촬영한 영상물에 수록된 피해자의 진술은 공판준비기일 또는 공판기일에 조사 과정에 동석하였던 신뢰관계에 있는 사람 또는 진술조력인의 진술에 의하여 그 성립의 진정함이 인정된 경우에 증거로 할 수 있다' 부분 가운데 19세 미만 성폭력범죄 피해자에 관한 부분(이하 '심판대상조항')은 헌법에 위반되는가?

[심판대상조항] 성폭력범죄의 처벌 등에 관한 특례법(2012.12.18. 법률 제11556호로 전부개정된 것) 제30조(영상물의 촬영 · 보존 등) ⑥ 제1항에 따라 촬영한 영상물에 수록된 피해자의 진술은 공판준비기일 또는 공판기일에 피해자나 조사 과정에 동석하였던 신뢰관계에 있는 사람 또는 진술조력인의 진술에 의하여 그 성립의 진정함이 인정된 경우에 증거로 할 수 있다.

[관련조항] 성폭력범죄의 처벌 등에 관한 특례법 제30조(영상물의 촬영 · 보존 등) ① 성폭력범죄의 피해자가 19세 미만이거나 신체적인 또는 정신적인 장애로 사물을 변별하거나 의사를 결정할 능력이 미약한 경우에는 피해자의 진술 내용과 조사 과정을 비디오녹화기 등 영상물 녹화장치로 촬영 · 보존하여야 한다.

판례 성폭력범죄의 처벌 등에 관한 특례법 제30조 제6항 중 '제1항에 따라 촬영한 영상물에 수록된 피해자의 진술은 공판준비기일 또는 공판기일에 조사 과정에 **동석하였던 신뢰관계에 있는 사람 또는 진술조력인의 진술에 의하여 그 성립의 진정함이 인정된 경우에 증거로 할 수 있다**' 부분 가운데 **19세 미만 성폭력범죄 피해자에 관한 부분은 헌법에 위반된다**(헌법재판소 2021.12.23, 2018헌바524).

보충1 (이유 요약) ① (목적의 정당성 및 수단의 적합성) 미성년 피해자가 받을 수 있는 2차 피해를 방지하는 것은, 성폭력범죄에 관한 형사절차를 형성함에 있어 결코 포기할 수 없는 중요한 가치라 할 것이나 그 과정에서 피고인의 공정한 재판을 받을 권리 역시 보장되어야 한다. 그런데 성폭력범죄의 특성상 영상물에 수록된 미성년 피해자 진술이 사건의 핵심 증거인 경우가 적지 않고, 이러한 진술증거에 대한 탄핵의 필요성이 인정됨에도 심판대상조항은 그러한 주요 진술증거의 왜곡이나 오류를 탄핵할 수 있는 효과적인 방법인 피고인의 반대신문권을 보장하지 않고 있으며, 이를 대체할 만한 수단도 마련하고 있지 못하다. …… 심판대상조항에 의하여 피고인은 사건의 핵심적인 진술증거에 관하여 충분히 탄핵할 기회를 갖지 못한 채 유죄 판결을 받을 수 있게 되므로, 그로 인한 피고인의 방어권 제한의 정도는 매우 중대하다. …… 피고인의 반대신문권을 보장하면서도 미성년 피해자를 보호할 수 있는 조화적인 방법을 상정할 수 있음에도, 영상물의 원진술자인 미성년 피해자에 대한 피고인의 반대신문권을 실질적으로 배제하여 피고인의 방어권을 과도하게 제한하는 심판대상조항은 피해의 최소성 요건을 갖추지 못하였다. ② (법익의 균형성) 심판대상조항으로 인하여 피고인의 방어권이 제한되는 정도가 중대하고, 미성년 피해자의 2차 피해를 방지할 수 있는 여러 조화적인 대안들이 존재함은 앞서 살핀 바와 같다. 이러한 점들을 고려할 때, 심판대상조항이 달성하려는 공익이 제한되는 피고인의 사익보다 우월하다고 쉽게 단정하기는 어렵다. 따라서 심판대상조항은 법익의 균형성 요건도 갖추지 못하였다. ③ (결론) 심판대상조항은 과잉금지원칙을 위반하여 청구인의 공정한 재판을 받을 권리를 침해한다.

보충2 (결정의 의의) 이번 위헌결정은 원진술자에 대한 피고인의 반대신문권을 제한하는 성폭법 제30조 제6항에 관한 특례조항에 관한 것으로서, 헌법재판소는, 미성년 피해자의 2차 피해를 방지하는 것은 성폭력범죄에 관한 형사절차를 형성함에 있어 결코 포기할 수 없는 중요한 가치라 할 것이나, 피고인의 반대신문권을 보장하면서도 성폭력범죄의 미성년 피해자를 보호할 수 있는 조화적인 방법을 상정할 수 있음에도, 심판대상조항이 영상물에 수록된 미성년 피해자 진술에 있어 원진술자에 대한 피고인의 반대신문권을 실질적으로 배제하여 피고인의 방어권을 과도하게 제한하는 것은 과잉금지원칙에 반한다고 보아, 재판관 6:3의 의견으로 위헌 결정을 내린 것이다.

solution 헌법에 위반된다.

●●○

## 093 「성폭력범죄의 처벌 등에 관한 특례법」 제30조 제6항 중 19세 미만 성폭력범죄 피해자의 진술을 촬영한 영상물에 대한 증거능력 인정 특례를 규정한 부분에 대한 헌법재판소 2021.12.23, 선고 2018헌바524 위헌결정의 영향

19세 미만 성폭력 피해자에 대한 반대신문권 보장 없이 조사 과정에 동석하였던 신뢰관계인의 진술에 의한 진정성립 인정만으로 수사기관의 위 피해자 진술에 대한 영상물의 증거능력이 인정될 수 있는가?

[배경지식] ① 성폭력처벌법 제30조 제1항 : "성폭력범죄의 피해자가 19세 미만이거나 신체적인 또는 정신적인 장애로 사물을 변별하거나 의사를 결정할 능력이 미약한 경우에는 피해자의 진술 내용과 조사 과정을 비디오녹화기 등 영상물 녹화장치로 촬영 · 보존하여야 한다." 동법 동조 제6항 : "제1항에 따라 촬영한 영상물에 수록된 피해자의 진술은 공판준비기일 또는 공판기일에 피해자나 조사 과정에 동석하였던 신뢰관계에 있는 사람 또는 진술조력인의 진술에 의하여 그 성립의 진정함이 인정된 경우에 증거로 할 수 있다." ② 청소년성보호법 제26조 제1항 : "아동 · 청소년대상 성범죄 피해자의 진술내용과 조사과정은 비디오녹화기 등 영상물 녹화장치로 촬영 · 보존하여야 한다." 동법 동조 제6항 : "제1항부터 제4항까지의 절차에 따라 촬영한 영상물에 수록된 피해자의 진술은 공판준비기일 또는 공판기일에 피해자 또는 조사과정에 동석하였던 신뢰관계에 있는 자의 진술에 의하여 그 성립의 진정함이 인정된 때에는 증거

로 할 수 있다."

(판례) 헌법재판소는 2021. 12. 23. 선고 2018헌바524 사건에서 "성폭력처벌법 제30조 제6항 중 '제1항에 따라 촬영한 영상물에 수록된 피해자의 진술은 공판준비기일 또는 공판기일에 조사 과정에 동석하였던 신뢰관계에 있는 사람 또는 진술조력인의 진술에 의하여 그 성립의 진정함이 인정된 경우에 증거로 할 수 있다'는 부분 가운데 19세 미만 성폭력범죄 피해자에 관한 부분은 헌법에 위반된다."라고 결정하였다(이하 위 결정을 '이 사건 위헌 결정', 위헌 결정이 선고된 법률 조항을 '이 사건 위헌 법률 조항'이라 한다). 그 이유는 다음과 같다. 자기에게 불리하게 진술한 증인에 대하여 반대신문의 기회를 부여해야 한다는 절차적 권리의 보장은 피고인의 '공정한 재판을 받을 권리'의 핵심적인 내용을 이룬다. 피고인의 반대신문권을 보장하면서도 미성년 피해자를 보호할 수 있는 조화로운 방법을 상정할 수 있는데도, **피고인의 반대신문권을 실질적으로 배제하여 피고인의 방어권을 과도하게 제한하는 이 사건 위헌 법률 조항**은 피해의 최소성, 법익의 균형성 요건을 충족하지 못하여 **과잉금지 원칙을 위반하고 피고인의 공정한 재판을 받을 권리를 침해한다. 청소년성보호법 제26조 제6항 중 이 사건 위헌 법률 조항과 동일한 내용을 규정하고 있는 부분**은 이 사건 위헌 결정의 심판대상이 되지 않았지만 이 사건 위헌 법률 조항에 대한 위헌 결정 이유와 마찬가지로 **과잉금지 원칙**에 위반될 수 있다. **이 사건 위헌 결정의 효력은 결정 당시 법원에 계속 중이던 이 사건에도 미친다. 따라서 이 사건 위헌 법률 조항은 이 사건 영상물의 증거능력을 인정하는 근거가 될 수 없다.** 이 사건 속기록의 증거능력을 인정할 근거도 없다. 따라서 원심으로서는 청소년성보호법의 위 조항이 위헌인지 여부 또는 그 적용에 따른 위헌적 결과를 피하기 위하여 피해자를 증인으로 소환하여 진술을 듣고 피고인에게 반대신문권을 행사할 기회를 부여할 필요가 있는지 여부 등에 관하여 심리·판단했어야 한다(대법원 2022.4.14, 2021도14530).

solution 인정될 수 없다.

## 094 헌법재판소 2021.12.23, 2018헌바524 위헌결정(성폭법상 미성년 성폭력피해자에 대한 반대신문권 제한 규정 위헌결정)의 영향

> 아동 · 청소년대상 성범죄의 혐의로 기소된 피고인은 수사기관에서 촬영한 피해자 진술에 대한 영상물과 이를 그대로 녹취한 속기록이 모두 증거능력이 없다고 주장하면서 이를 증거로 함에 동의하지 않다가, 위헌결정을 받은 법률 조항(미성년성폭력피해자에 대한 피고인의 반대신문 없이 신뢰관계인 · 진술조력인의 진술에 의한 성립의 진정만으로 피해자 진술에 대한 영상물의 증거능력을 인정하는 성폭력처벌법 제30조 제6항)에 따라 신뢰관계인에 대한 증인신문에 의하여 위 영상물이 증거로 채택되어 증거조사가 이루어지게 되자 증거에 관한 의견을 변경하여 위 속기록을 증거로 함에는 동의하였다. 그렇다면 이러한 속기록의 증거능력은 인정되는가?

[배경지식] ① 성폭력처벌법 제30조 제1항 : "성폭력범죄의 피해자가 19세 미만이거나 신체적인 또는 정신적인 장애로 사물을 변별하거나 의사를 결정할 능력이 미약한 경우에는 피해자의 진술 내용과 조사 과정을 비디오녹화기 등 영상물 녹화장치로 촬영 · 보존하여야 한다." 동법 동조 제6항 : "제1항에 따라 촬영한 영상물에 수록된 피해자의 진술은 공판준비기일 또는 공판기일에 피해자나 조사 과정에 동석하였던 신뢰관계에 있는 사람 또는 진술조력인의 진술에 의하여 그 성립의 진정함이 인정된 경우에 증거로 할 수 있다." ② 청소년성보호법 제26조 제1항 : "아동 · 청소년대상 성범죄 피해자의 진술내용과 조사과정은 비디오녹화기 등 영상물 녹화장치로 촬영 · 보존하여야 한다." 동법 동조 제6항 : "제1항부터 제4항까지의 절차에 따라 촬영한 영상물에 수록된 피해자의 진술은 공판준비기일 또는 공판기일에 피해자 또

는 조사과정에 동석하였던 신뢰관계에 있는 자의 진술에 의하여 그 성립의 진정함이 인정된 때에는 증거로 할 수 있다." ③ 아동학대처벌법 제17조 제1항 : "아동학대범죄의 조사·심리에 관하여는 성폭력처벌법 제29조부터 제32조까지, 제34조부터 제41조까지 및 청소년성보호법 제29조를 각각 준용한다. 이 경우 '성폭력' 또는 '아동·청소년대상 성범죄'는 '아동학대범죄'로, '피해자'는 '피해아동'으로 본다."

(판례) ① (피해자에 대한 반대신문권 보장 없이 조사 과정에 동석하였던 신뢰관계인의 진술에 의한 진정성립 인정만으로 영상물의 증거능력을 인정할 수 없다는 사례) 헌법재판소는 2021. 12. 23. 선고 2018헌바524 사건에서 "성폭력처벌법(2012. 12. 18. 법률 제11556호로 전부개정된 것) 제30조 제6항 중 '제1항에 따라 촬영한 영상물에 수록된 피해자의 진술은 공판준비기일 또는 공판기일에 조사 과정에 동석하였던 **신뢰관계에 있는 사람 또는 진술조력인의 진술에 의하여 그 성립의 진정함이 인정된 경우에 증거로 할 수 있다**' 부분 가운데 **19세 미만 성폭력범죄 피해자에 관한 부분**은 헌법에 위반된다."는 결정을 선고하였다. 이 사건 위헌 결정 이유는, 자기에게 불리하게 진술한 증인에 대하여 반대신문의 기회를 부여해야 한다는 절차적 권리의 보장은 피고인의 '공정한 재판을 받을 권리'의 핵심적인 내용을 이루는데, 피고인의 반대신문권을 보장하면서도 미성년 피해자를 보호할 수 있는 조화로운 방법을 상정할 수 있음에도, **피고인의 반대신문권을 실질적으로 배제하여 피고인의 방어권을 과도하게 제한하는 이 사건 위헌 법률 조항**은 피해의 최소성, 법익의 균형성 요건을 충족하지 못하여 **과잉금지 원칙을 위반하고 피고인의 공정한 재판을 받을 권리를 침해**한다는 것이다. ② (피고인이 영상물과 속기록에 대하여 증거부동의 하였다가 **신뢰관계인에 대한 증인신문** 이후 영상물이 증거로 채택되자 속기록에 대해서만 증거동의를 한 경우, 그 속기록을 원칙적으로 유죄의 증거로 삼을 수 없다는 사례) 청소년성보호법 제26조 제6항 중 이 사건 위헌 법률 조항과 동일한 내용을 규정하고 있는 부분은 이 사건 위헌 결정의 심판대상이 되지 아니하였지만 이 사건 위헌 법률 조항에 대한 위헌 결정 이유와 같은 이유에서 과잉금지 원칙에 위반될 수 있다. 따라서 원심으로서는 이 사건 **청소년성보호법 조항의 위헌 여부 또는 그 적용에 따른 위헌적 결과를 피하기 위하여 피해자들을 증인으로 소환하여 그 진술을 듣고 피고인에게 반대신문권을 행사할 기회를 부여할 필요가 있는지 여부** 등에 관하여 심리·판단하였어야 한다. 한편 **형사소송법 제318조 제1항**은 "검사와 피고인이 증거로 할 수 있음을 동의한 서류 또는 물건은 **진정한 것으로 인정한 때에는 증거**로 할 수 있다."라고 규정한다. 피고인은 이 사건 영상물과 속기록이 모두 증거능력이 없다고 주장하면서 이를 증거로 함에 동의하지 않다가 이 사건 위헌 법률 조항 또는 이 사건 청소년성보호법 조항에 따라 이 사건 영상물이 증거로 채택되어 증거조사가 이루어지게 되자 증거에 관한 의견을 변경하여 이 사건 속기록을 증거로 함에는 동의하였다. 그런데 이 사건 속기록은 이 사건 영상물의 진술 내용을 그대로 녹취한 것으로서 이 사건 영상물 속의 발언자를 특정하고 내용을 명확하게 함으로써 증거조사절차가 효율적으로 이루어질 수 있도록 하기 위하여 작성된 것에 불과하다. 이 사건 **위헌 결정으로 인하여 이 사건 영상물의 증거능력이 인정될 수 없는 경우**라면, 비록 피고인이 이 사건 속기록에 대해서는 증거로 함에 동의하였다고 하더라도 그 동의의 경위와 사유 등에 비추어 이 사건 **영상물과 속기록 사이에 증거능력의 차이를 둘 수 있는 합리적 이유가 존재한다는 등의 특별한 사정이 없는 한, 이 사건 속기록을 진정한 것으로 인정하기는 어렵다**(대법원 2022.4.14, 2021도14616).

보충 대법원은 ① 피해자 영상물의 증거능력에 관한 성폭력처벌법 제30조 제6항에 대한 2021. 12. 23.자 위헌 결정의 효력이 병행사건에 미치기 때문에 이 사건에서 성폭력처벌법 제30조 제6항을 적용할 수 없다고 판단하고, 위 성폭력처벌법 규정과 동일한 내용을 규정하고 있는 청소년성보호법 제26조에 대해서는, 아직 위헌 결정이 이루어지지 않아 법률의 효력이 유지되고 있지만, 하급심에서는 그 위헌성 여부 또는 피해자를 증인으로 소환하여 피고인의 반대신문권을 보장할 필요가 있는지 여부에 대하여 심리가 이루어져야 한다고 판단하였다. 또한 ② 이 사건에서는 피고인이 이후 영상물에 대한 속기록에 관해서는 증거동의를 하여, 위와 같이 영상물의 증거능력을 인정하기 어렵더라도 속기록을 유죄의 증거로 삼을 수 있는지가 문제되었는데, 증거동의를 이유로 형사소송법 제318조 제1항에 따라 속기록만의 증거능력을 인정하기 위해서는 속기록을 진정한 것으로 인정할 수 있는지에 대한 심리·판단이 필요하다는 이유로, 원심이 이러한 심리·판단 없이 속기록을 유죄의 증거로 삼은 것 또한 부당하다고 판단하였다(대법원 2022.4.14, 2021도14616).

solution 인정되지 않는다.

●○○

## 095 피해자가 변호인의 반대신문을 절반가량 남겨둔 상황에서 속행된 증인신문기일에 출석하지 않고 이후 소재불명에 이른 사건

• 경찰간부 22

반대신문권의 기회는 제공되었으나 반대신문사항을 모두 신문하지 못한 경우, 증인의 법정진술이나 그 진술이 기재된 증인신문조서의 증거능력을 인정할 수 있는가?

판례 피고인에게 불리한 증거인 증인이 주신문의 경우와 달리 반대신문에 대하여는 답변을 하지 아니하는 등 진술내용의 모순이나 불합리를 그 증인신문 과정에서 드러내어 이를 탄핵하는 것이 사실상 곤란하였고, 그것이 피고인 또는 변호인에게 책임있는 사유에 기인한 것이 아닌 경우라면, 관계 법령의 규정 혹은 증인의 특성 기타 공판절차의 특수성에 비추어 이를 정당화할 수 있는 특별한 사정이 존재하지 아니하는 이상, 이와 같이 **실질적 반대신문권의 기회가 부여되지 아니한 채 이루어진 증인의 법정진술**은 위법한 증거로서 증거능력을 인정하기 어렵다. 이 경우 피고인의 **책문권 포기로 그 하자가 치유될 수 있으나, 책문권 포기의 의사는 명시적인 것이어야 한다**(대법원 2010.1.14, 2009도9344)(대법원 2022.3.17, 2016도17054).

보충 채무자 특수상해 혐의를 받은 폭력조직 두목에 대하여 증거 부족을 이유로 무죄판결을 내린 판례이다.

solution 인정할 수 없다.

●●○

## 096 형사소송법 제312조 제5항의 적용범위

甲은 乙을 위하여 처리 후 보관하던 '입당원서'를 작성자의 동의 없이 수사기관에 임의 제출하였다. 사법경찰관은 위 입당원서 작성자의 주거지 · 근무지를 방문하여 그 작성 경위 등을 질문한 후 작성을 요구하여 '진술서'를 제출받았다(이때 사법경찰관은 조사과정의 진행경과를 확인하기 위하여 필요한 사항을 그 진술서에 기록하거나 별도의 서면에 기록한 후 수사기록에 편철하는 등 적절한 조치를 취하지 않았다). 이는 형사소송법에 따라 증거능력이 인정되는가?

판례 **형사소송법 제312조 제5항**은 피고인 또는 **피고인이 아닌 자가 수사과정에서 작성한 진술서**의 증거능력에 관하여 형사소송법 제312조 제1항부터 제4항까지 준용하도록 규정하고 있으므로, **검사 또는 사법경찰관이 피고인이 아닌 자의 진술을 기재한 조서의 증거능력이 인정되려면 '적법한 절차와 방식에 따라 작성된 것'**이어야 한다는 법리가 피고인이 아닌 자가 수사과정에서 작성한 진술서의 증거능력에 관하여도 적용된다. 이러한 형사소송법 규정 및 문언과 그 입법 목적 등에 비추어 보면, **형사소송법 제312조 제5항의 적용대상인 '수사과정에서 작성한 진술서'란 수사가 시작된 이후에 수사기관의 관여 아래 작성된** 것이거나, **개시된 수사와 관련하여 수사과정에 제출할 목적으로 작성한** 것으로, **작성 시기와 경위 등 여러 사정에 비추어 그 실질이 이에 해당하는 이상 명칭이나 작성된 장소 여부를 불문한다**. 한편 검사 또는 사법경찰관이 피의자가 아닌 자의 출석을 요구하여 조사하는 경우에는 피의자를 조사하는 경우와 마찬가지로 조사장소에 도착한 시각, 조사를 시작하고 마친 시각, 그 밖에 조사과정의 진행경과를 확인하기 위하여 필요한 사항을 조서에 기록하거나 별도의 서면에 기록한 후 수사기록에 편철하도록 하는 등 조사과정을 기록하게 한 형사소송법 제221조 제1항, 제244조의4 제1 · 3항의 취지는 수사기관이 조사과정에서 피조사자로부터 진술증거를 취득하는 과정을 투명하게 함으로써 그 과정에서의 절차적 적법성을 제도적으로 보장하려는 것이다. 따라서 수사기관이 수사에 필요하여 피의자가 아닌 자로부터 진술서를 작성 · 제출받는 경우에도 그 절차는 준수되어야 하므로, 피고인이 아닌 자가 수사과정에서 진술서를 작성하였지만 **수사기관이 조사과정의 진행경과를 확인하기 위하여 필요한 사항을 그 진술서에 기록하거나 별도의 서면에 기록한 후 수사기록에 편철하는 등 적절한 조치를 취하지 아니하여 형사소송법 제244조의4 제1 · 3항에서 정한 절차를 위반한 경우**에는, 그 진술증거 취득과정의 절차적 적법성의 제도적 보장이 침해되지 않았다고 볼 만한 특별한 사정이 없는 한 '적법한 절차와 방식'에 따라 수사과정에서 진술서가 작성되었다고 할 수 없어 증거능력을 인정할 수 없다(대법원 2015.4.23, 2013도3790)(대법원 2022.10.27, 2022도9510).

참고 일부 피고인들이 다른 공동피고인을 위하여 처리하였던 입당원서를 작성자의 동의 없이 임의로 수사기관에 제출한 행위는 「개인정보 보호법」 제59조 제2호가 금지한 행위로서, 구 「개인정보 보호법」 제18조 제2항 제2호 또는 제7호가 적용될 수 없고, **위법수집증거**에 해당함에도 예외적으로 증거능력을 인정하여야 할 경우에 해당하지도 않는다(대법원 2022.10.27, 2022도9510).

solution 인정되지 않는다.

●●○

## 097 형사소송법 제313조 제1항 단서의 '작성자의 진술' 및 '피고인의 공판준비 또는 공판기일에서의 진술에 불구하고'의 의미 : 피고인의 진술을 기재한 서류의 증거능력 인정 요건

판례 형사소송법 제313조 제1항 단서는 "단, 피고인의 진술을 기재한 서류는 공판준비 또는 공판기일에서의 그 작성자의 진술에 의하여 그 성립의 진정함이 증명되고 그 진술이 특히 신빙할 수 있는 상태하에서 행하여진 때에 한하여 피고인의 공판준비 또는 공판기일에서의 진술에 불구하고 증거로 할 수 있다." 라고 규정하고 있다. **피고인이 피고인의 진술을 기재한 서류를 증거로 할 수 있음에 동의하지 않은** 이상 그 서류에 기재된 피고인의 진술 내용을 증거로 사용하려면 **형사소송법 제313조 제1항 단서**에 따라 공판준비 또는 공판기일에서 **작성자의 진술에 의하여 그 서류에 기재된 피고인의 진술 내용이 피고인이 진술한 대로 기재된 것임이 증명되고** 나아가 **진술이 특히 신빙할 수 있는 상태하에서 행하여진 것임이 인정되어야** 한다(대법원 2012.9.13, 2012도7461 등). 여기서 '특히 신빙할 수 있는 상태'라 함은 진술 내용이나 서류의 작성에 허위개입의 여지가 거의 없고, 진술 내용의 신빙성이나 임의성을 담보할 구체적이고 외부적인 정황이 있는 것을 말한다(대법원 2006.9.28, 2006도3922 등)(대법원 2022.4.28, 2018도3914).

보충 충남 ○○군 사무관인 피고인이 어선 선주들로부터 1,020만 원 상당의 뇌물을 수수하는 등으로 뇌물수수죄 등으로 기소된 사건에서, 국무조정실 산하 정부합동공직복무점검단 소속 점검단원이 작성한 피고인의 진술을 기재한 서류(확인서)의 증거능력에 관하여 작성자인 점검단원의 진술에 의하여 성립의 진정함이 증명되고 나아가 진술이 특히 신빙할 수 있는 상태 하에서 행하여졌다고 보아 형사소송법 제313조 제1항 단서에 따라 확인서의 증거능력을 인정한 사례로서, 형사소송법 제313조 제1항 단서의 의미에 관하여, 완화요건설(원진술자인 피고인의 '진정성립을 부정하는 진술'에도 불구하고 특신상태 등이 인정되면 진술기재서의 증거능력을 인정하는 견해)의 입장을 분명히 한 판례이다.

## 098 양벌규정상 행위자인 다른 피의자에 대한 사법경찰관 작성의 피의자신문조서가 사업주인 당해 피고인에 대하여 증거능력을 가지기 위한 요건 및 형사소송법 제314조의 적용 여부

• 국가7급 21, 변호사시험 21

> 양벌규정의 종업원과 사업주(피고인) 중에서 망인인 종업원에 대한 경찰 피의자신문조서에 대하여 형사소송법 제314조에 기초하여 증거능력을 인정할 수 있는가?

(판례) 형사소송법 제312조 제3항은 검사 이외의 수사기관이 작성한 해당 피고인에 대한 피의자신문조서를 유죄의 증거로 하는 경우뿐만 아니라 검사 이외의 수사기관이 작성한 해당 피고인과 공범관계에 있는 다른 피고인이나 피의자에 대한 피의자신문조서를 해당 피고인에 대한 유죄의 증거로 채택할 경우에도 적용된다. 따라서 **해당 피고인과 공범관계가 있는 다른 피의자에 대하여 검사 이외의 수사기관이 작성한 피의자신문조서는** 그 피의자의 법정진술에 의하여 그 성립의 진정이 인정되는 등 형사소송법 제312조 제4항의 요건을 갖춘 경우라고 하더라도 **해당 피고인이 공판기일에서 그 조서의 내용을 부인한 이상 이를 유죄 인정의 증거로 사용할 수 없고, 그 당연한 결과로 위 피의자신문조서에 대하여는 사망 등 사유로 인하여 법정에서 진술할 수 없는 때에 예외적으로 증거능력을 인정하는 규정인 형사소송법 제314조가 적용되지 아니한다**(대법원 2004.7.15, 2003도7185 전원합의체). 그리고 이러한 법리는 **공동정범이나 교사범, 방조범 등 공범관계에 있는 자들 사이에서뿐만 아니라, 법인의 대표자나 법인 또는 개인의 대리인, 사용인, 그 밖의 종업원 등 행위자의 위반행위에 대하여 행위자가 아닌 법인 또는 개인이 양벌규정에 따라 기소된 경우, 이러한 법인 또는 개인과 행위자 사이의 관계에서도 마찬가지로 적용된다**고 보아야 한다. 그 구체적 이유는 다음과 같다. 대법원은 앞서 본 바와 같이 형사소송법 제312조 제3항의 규정이 검사 이외의 수사기관이 작성한 해당 피고인과 공범관계에 있는 다른 피고인이나 피의자에 대한 피의자신문조서에 대해서까지 적용된다는 입장을 확고하게 취하고 있다. 이는 하나의 범죄사실에 대하여 여러 명이 관여한 경우 서로 자신의 책임을 다른 사람에게 미루려는 것이 일반적인 인간심리이므로, 만일 위와 같은 경우에 형사소송법 제312조 제3항을 해당 피고인 외의 자들에 대해서까지 적용하지 않는다면 인권보장을 위해 마련된 위 규정의 취지를 제대로 살리지 못하여 부당하고 불합리한 결과에 이를 수 있기 때문이다(대법원 1986.11.1, 86도1783). 나아가 대법원은 형사소송법 제312조 제3항이 형법총칙의 공범 이외에도, 서로 대향된 행위의 존재를 필요로 할 뿐 각자의 구성요건을 실현하고 별도의 형벌규정에 따라 처벌되는 강학상 필요적 공범 내지 대향범 관계에 있는 자들 사이에서도 적용된다는 판시를 하기도 하였다(대법원 1996.7.12, 96도667; 2007.10.25, 2007도6129 등). 이는 필요적 공범 내지 대향범의 경우 형법총칙의 공범관계와 마찬가지로 어느 한 피고인이 자기의 범죄에 대하여 한 진술이 나머지 대향적 관계에 있는 자가 저지른 범죄에도 내용상 불가분적으로 관련되어 있어 목격자, 피해자 등 제3자의 진술과는 본질적으로 다른 속성을 지니고 있음을 중시한 것으로 볼 수 있다. 무릇 양벌규정은 법인의 대표자나 법인 또는 개인의 대리인, 사용인, 그 밖의 종업원 등 행위자가 법규위반행위를 저지른 경우, 일정 요건 하에 이를 행위자가 아닌 법인 또는 개인이 직접 법규위반행위를 저지른 것으로 평가하여 행위자와 같이 처벌하도록 규정한 것으로서, 이때의 법인 또는 개인의 처벌은 행위자의 처벌에 종속되는 것이 아니라 법인 또는 개인의 직접책임 내지 자기책임에 기초하는 것이기는 하다(대법원 2006.2.24, 2005도7673; 2010.9.9, 2008도7834; 2010.9.30, 2009도3876 등). 그러나 **양벌규정에 따라 처벌되는 행위자와 행위자가 아닌 법인 또는 개인 간의 관계는, 행위자가 저지른 법규위반행위가 사업주의 법규위반행위와 사실관계가 동일하거나 적어도 중요부분을 공유한다는 점에서 내용상 불가분적 관련성을 지닌다고 보아야 하고, 따라서 앞서 본 형법총칙의 공범관계 등과 마찬가지로 인권보장적인 요청에 따라 형사소송법 제312조 제3항이 이들 사이에서도 적용된다**고 보는 것이 타당하다(대법원 2020.6.11, 2016도9367).

solution 인정할 수 없다.

●●○

## 099 형사소송법 제314조의 '외국거주'의 의미

• 경찰승진 16, 국가7급 10, 국가9급 15·21, 국가9급개론 21, 법원9급 16

다음은 대법원 2016.2.18, 2015도17115 판결을 문제로 만든 것이다. 잘 읽고 물음에 답하시오.

[제1문] 진술을 요할 자가 외국에 있고 그를 공판정에 출석시켜 진술하게 할 가능하고 상당한 모든 수단을 다하더라도 출석하게 할 수 없는 경우, 형사소송법 제314조의 '외국거주로 인하여 진술할 수 없는 때'에 해당한다고 볼 수 있는가?

[제2문] 진술을 요하는 자가 외국에 거주하고 있어 공판정 출석을 거부하면서 출석할 수 없는 사정을 밝히고 있으나, 거주하는 외국의 주소나 연락처 등이 파악되고 해당 국가와 대한민국 간에 국제형사사법공조조약이 체결된 상태인 경우, 사법공조의 절차에 의하여 증인을 소환할 수 있는지를 검토하거나 소환을 할 수 없는 경우 외국의 법원에 사법공조로 증인신문을 실시하도록 요청하는 등의 절차를 거치지 않더라도, 형사소송법 제314조의 '외국거주로 인하여 진술할 수 없는 때'에 해당한다고 볼 수 있는가?

[제1문]

(판례) 참고인 진술서 등 피고인 아닌 자의 진술을 기재한 서류가 진술자가 공판정에서 한 진술에 의하여 진정성립이 증명되지 않았음에도 **형사소송법 제314조에 의하여 증거능력이 인정되려면,** 진술자가 사망·질병·외국거주·소재불명, 그 밖에 이에 준하는 사유로 인하여 공판정에 출석하여 진술할 수 없는 때에 해당하고, 또 서류의 작성이 특히 신빙할 수 있는 상태에서 행하여졌음이 증명되어야 한다. 여기서 **'외국거주'란 진술을 요하는 자가 외국에 있다는 것만으로는 부족하고,** 수사 과정에서 수사기관이 진술을 청취하면서 진술자의 외국거주 여부와 장래 출국 가능성을 확인하고, 만일 진술자의 거주지가 외국이거나 그가 가까운 장래에 출국하여 장기간 외국에 체류하는 등의 사정으로 향후 공판정에 출석하여 진술을 할 수 없는 경우가 발생할 개연성이 있다면 진술자의 외국 연락처를, 일시 귀국할 예정이 있다면 귀국 시기와 귀국 시 체류 장소와 연락 방법 등을 사전에 미리 확인하고, 진술자에게 공판정 진술을 하기 전에는 출국을 미루거나, 출국한 후라도 공판 진행 상황에 따라 일시 귀국하여 공판정에 출석하여 진술하게끔 하는 방안을 확보하여 진술자가 공판정에 출석하여 진술할 기회를 충분히 제공하며, **그 밖에 그를 공판정에 출석시켜 진술하게 할 모든 수단을 강구하는 등 가능하고 상당한 수단을 다하더라도 진술을 요할 자를 법정에 출석하게 할 수 없는 사정이 있어야 예외적으로 적용이 있다**(대법원 2016.2.18, 2015도17115; 2008.2.28, 2007도10004).

solution 해당한다고 볼 수 있다.

[제2문]

(판례) 나아가 **진술을 요하는 자가 외국에 거주하고 있어 공판정 출석을 거부하면서 공판정에 출석할 수 없는 사정을 밝히고 있더라도** 증언 자체를 거부하는 의사가 분명한 경우가 아닌 한 **거주하는 외국의 주소나 연락처 등이 파악되고, 해당 국가와 대한민국 간에 국제형사사법공조조약이 체결된 상태라면 우선 사법공조의 절차에 의하여 증인을 소환할 수 있는지를 검토해 보아야** 하고, **소환을 할 수 없는 경우라도 외국의 법원에 사법공조로 증인신문을 실시하도록 요청하는 등의 절차를 거쳐야** 하고, 이러한 절차를 전혀 시도해 보지도 아니한 것은 가능하고 상당한 수단을 다하더라도 진술을 요하는 자를 법정에 출석하게 할 수 없는 사정이 있는 때에 해당한다고 보기 어렵다(대법원 2016.2.18, 2015도17115).

solution 해당한다고 볼 수 없다.

## 100 증인이 정당한 이유 없이 증언을 거부한 경우, 그의 진술이 기재된 검찰 진술조서의 증거능력이 인정되는지 문제된 사건

• 경찰2차 21, 국가7급 20, 법원9급 21

> 수사기관에서 진술한 참고인이 법정에서 증언을 거부하여 피고인이 반대신문을 하지 못하였으나 정당하게 증언거부권을 행사한 것이 아닌 경우, 원칙적으로 형사소송법 제314조의 '그밖에 이에 준하는 사유로 인하여 진술할 수 없는 때'에 해당하는가?

(판례) [다수의견] ㉠ 수사기관에서 진술한 참고인이 법정에서 증언을 거부하여 피고인이 반대신문을 하지 못한 경우에는 정당하게 증언거부권을 행사한 것이 아니라도, 피고인이 증인의 증언거부 상황을 초래하였다는 등의 특별한 사정이 없는 한 형사소송법 제314조의 '그밖에 이에 준하는 사유로 인하여 진술할 수 없는 때'에 해당하지 않는다고 보아야 한다. 따라서 증인이 정당하게 증언거부권을 행사하여 증언을 거부한 경우와 마찬가지로 수사기관에서 그 증인의 진술을 기재한 서류는 증거능력이 없다. 다만 ㉡ 피고인이 증인의 증언거부 상황을 초래하였다는 등의 특별한 사정이 있는 경우에는 형사소송법 제314조의 적용을 배제할 이유가 없다. 이러한 경우까지 형사소송법 제314조의 '그밖에 이에 준하는 사유로 인하여 진술할 수 없는 때'에 해당하지 않는다고 보면 사건의 실체에 대한 심증 형성은 법관의 면전에서 본래증거에 대한 반대신문이 보장된 증거조사를 통하여 이루어져야 한다는 실질적 직접심리주의와 전문법칙에 대하여 예외를 정한 형사소송법 제314조의 취지에 반하고 정의의 관념에도 맞지 않기 때문이다(대법원 2019.11.21, 2018도13945 전원합의체).

**보충** 피고인 A가 공소외 B에게 필로폰을 매도하였다는 혐의로 공소제기된 이 사건에서, 검사는 B에 대한 검사 작성의 진술조서와 피의자신문조서(이하 '검찰 조서')의 증거능력이 문제된 바, 위 필로폰 매수 혐의로 별도의 재판을 받고 있던 B는 A의 공판정에서 증언을 거부하였으며 이것이 형사소송법 제314조의 예외에 해당하는가를 판시한 사건이다. B는 A의 공판정에 출석하여 총 3차례에 걸쳐 증언을 거부하였는데, 그 중 1차와 2차의 증언거부는 정당한 증언거부권의 행사에 해당하고, B에 대한 판결이 확정된 후에 증언거부사유도 소명하지 않고 이루어진 B의 3차 증언거부는 정당하지 않은 증언거부권 행사에 해당한다. 이 판례는 정당하지 않은 증언거부권 행사도 제314조의 '그밖에 이에 준하는 사유'에 해당되지 않는다고 판시한 것이다.

**보충** 2007년 개정된 제314조는 전문서류의 증거능력을 인정할 수 있는 예외 사유로 '사망·질병·외국거주·소재불명 그밖에 이에 준하는 사유'를 규정하고 있다. 이는 종래의 '사망·질병·외국거주 기타 사유'보다 분명하고 제한된 규정이며, 이에 대법원은 2012년 정당하게 증언을 거부한 경우는 제314조의 예외사유에 해당하지 않는다고 판시한 것(대법원 2012.5.17, 2009도6788 전원합의체)과 일관된 흐름에서 2020년 전원합의체 판례를 통하여 정당하지 않은 증언거부권 행사도 제314조의 예외사유에 해당하지 않는다고 판시한 것이다. 이는 공판중심주의, 직접심리주의, 반대신문권의 보장을 철저히 중시한 것으로 평가된다.

solution 해당하지 않는다.

## 101 수사기관의 의뢰에 따라 건강보험심사평가원에서 작성한 입원진료 적정성 여부 등 검토의뢰에 대한 회신과 기타 특신문서

• 경찰2차 18, 경찰승진 19, 국가7급 20, 국가9급 19·20

> 이른바 보험사기 사건에서 건강보험심사평가원이 수사기관의 의뢰에 따라 그 보내온 자료를 토대로 입원진료의 적정성에 대한 의견을 제시하는 내용의 '건강보험심사평가원의 입원진료 적정성 여부 등 검토의뢰에 대한 회신'은 형사소송법 제315조 제3호의 기타 특히 신용할 만한 정황에 의하여 작성된 문서에 해당하는가?

(판례) 형사소송법 제315조 제3호에서 규정한 '기타 특히 신용할 만한 정황에 의하여 작성된 문서'는 형사소송법 제315조 제1호와 제2호에서 열거된 공권적 증명문서 및 업무상 통상문서에 준하여 '굳이 반대신

문의 기회 부여 여부가 문제 되지 않을 정도로 고도의 신용성의 정황적 보장이 있는 문서'를 의미한다. 따라서 사무처리 내역을 계속적, 기계적으로 기재한 문서가 아니라 **범죄사실의 인정 여부와 관련 있는 어떠한 의견을 제시하는 내용을 담고 있는 문서는** 형사소송법 제315조 제3호에서 규정하는 당연히 증거능력이 있는 서류에 해당한다고 볼 수 없으므로, **이른바 보험사기 사건에서 건강보험심사평가원이 수사기관의 의뢰에 따라 그 보내온 자료를 토대로 입원진료의 적정성에 대한 의견을 제시하는 내용의 '건강보험심사평가원의 입원진료 적정성 여부 등 검토의뢰에 대한 회신'은 형사소송법 제315조 제3호의 '기타 특히 신용할 만한 정황에 의하여 작성된 문서'에 해당하지 않는다**(대법원 2017.12.5, 2017도12671).

solution 해당하지 않는다.

●○○

## 102 이른바 대구 대학생 성폭행 사망사건

• 국가9급 21, 국가9급개론 21

**판례 [1] 전문진술이나 전문진술을 기재한 조서의 증거능력 / 형사소송법 제316조 제2항에서 말하는 '그 진술 또는 작성이 특히 신빙할 수 있는 상태 하에서 행하여졌음'의 의미**

전문진술이나 전문진술을 기재한 조서는 형사소송법 제310조의2에 따라 원칙적으로 증거능력이 없다. 다만 전문진술은 형사소송법 제316조 제2항에 따라 원진술자가 사망, 질병, 외국거주, 소재불명, 그 밖에 이에 준하는 사유로 진술할 수 없고, 그 진술이 특히 신빙할 수 있는 상태 하에서 행하여졌음이 증명된 때에 한하여 예외적으로 증거능력이 있다. 그리고 **전문진술이 기재된 조서는 형사소송법 제312조 또는 제314조에 따라 증거능력이 인정될 수 있는 경우에 해당하여야 함은 물론 형사소송법 제316조 제2항에 따른 요건을 갖추어야 예외적으로 증거능력이 있다.** 형사소송법 제316조 제2항에서 말하는 '그 진술 또는 작성이 특히 신빙할 수 있는 상태 하에서 행하여졌음'이란 진술 내용이나 조서 또는 서류의 작성에 허위가 개입할 여지가 거의 없고, 진술 내용의 신빙성이나 임의성을 담보할 구체적이고 외부적인 정황이 있는 경우를 가리킨다.

**[2] 형사소송법 제314조에서 참고인의 진술 또는 작성이 '특히 신빙할 수 있는 상태 하에서 행하여졌음에 대한 증명'의 정도(= 합리적인 의심의 여지를 배제할 정도) / 이러한 법리가 원진술자의 소재불명 등을 전제로 하고 있는 형사소송법 제316조 제2항의 경우에도 그대로 적용되는지 여부(적극)**

형사소송법 제312조 또는 제313조는 참고인이 진술하거나 작성한 진술조서나 진술서에 대하여 피고인 또는 변호인의 반대신문권이 보장되는 등 엄격한 요건이 충족될 경우에 한하여 증거능력을 인정하고 있다. 형사소송법 제314조는 참고인 소재불명 등의 경우에 직접심리주의 등 기본원칙에 대한 예외를 인정한 것에 대하여 다시 중대한 예외를 인정하여 원진술자 등에 대한 반대신문의 기회조차 없이 증거능력을 부여할 수 있도록 한 것이다. 따라서 이러한 경우 **참고인의 진술 또는 작성이 '특히 신빙할 수 있는 상태 하에서 행하여졌음에 대한 증명'은 단지 그러할 개연성이 있다는 정도로는 부족하고 합리적인 의심의 여지를 배제할 정도에 이르러야 한다.** 나아가 이러한 법리는 원진술자의 소재불명 등을 전제로 하고 있는 형사소송법 제316조 제2항의 경우에도 그대로 적용된다(대법원 2017.7.18, 2015도12981, 2015전도21).

보충 이 사건은 1998년 대구에서 발생한 여대생 성폭행 사망 사건의 범인으로 지목된 스리랑카인 K(51)에게 무죄판결을 확정한 대법원 판례이다. K는 1998년 10월 18일 새벽 다른 스리랑카인 2명과 함께 대학축제를 마치고 귀가하던 정모(당시 18세)씨를 대구 달서구 구마고속도로(현 중부내륙고속도로) 아래 굴다리로 데려가 성폭행하고 금품을 빼앗은 혐의로 기소됐다. 당시 정씨는 구마고속도로에서 25톤 트럭에 치여 숨진 채 발견됐다. 이 사건은 K가 다른 여성을 강제추행한 혐의로 유전자(DNA) 채취검사를 받은 뒤, K의 DNA가 정씨가 입었던 속옷에서 발견된 DNA와 일치한다는 감정 결과가 2012년에 나오면서 수사가 재개된 것이다. 다만, 당시 이미 특수강간죄의 공소시효인 10년이 경과된 후이어서 검찰은 공소시효가 15년인 특수강도강간 혐의를 적용해 K씨를 기소할 수밖에 없었다. 그러나 1심은 K씨가 정씨 가방 속 금품 등을 훔쳤다는 증거가 부족하다며 특수강도강간의 공소사실에 대해 무죄를 선고하였다. 검찰은 국내 스리랑카인을 전수조사해 K의 공범으로부터 범행에 대한 이야기를 들었다는 증인을 발견해 법정에 세웠지만, 2심도 진술증거의 증거능력을 인정할 수 없다며 무죄를 선고할 수밖에 없었다. 한편, K에 대해서는 2013년 다른 여성을 성추행한 혐의와 2008~2009년 무면허 운전을 한 별도 혐의로 징역 1년6개월에 집행유예 3년이 확정되어 국내에서 추방되었고, K의 공범으로 지목된 2명은 각각 2001년과 2005년에 이미 스리랑카로 돌아가 있는 상태이었다.

●●○

## 103 피의자신문조서, 진술조서, 전문진술의 증거능력 인정 요건

> 피고인 A는 새마을금고 이사장 선거와 관련하여 대의원 甲에게 자신을 지지해 달라고 부탁하면서 돈 50만 원을 제공하였다고 하여 새마을금고법 위반으로 기소되었다. 검사는 ㉠ 사법경찰관 작성의 공범 甲에 대한 피의자신문조서 및 진술조서를 증거로 제출하고, ㉡ 검사가 신청한 증인 乙은 법정에 출석하여 '甲으로부터 A에게서 돈을 받았다는 취지의 말을 들었다'고 증언하였다. A는 공판기일에서 조서의 내용을 모두 부인하였고, 甲은 일관되게 A로부터 50만 원을 받았다는 취지의 공소사실을 부인하였다. ㉠과 ㉡ 중 증거능력이 인정되는 것이 있는가? 있다면 어느 것인가?

(판례) 피고인이 새마을금고 이사장 선거와 관련하여 대의원 甲에게 자신을 지지해 달라고 부탁하면서 현금 50만 원을 제공하였다고 하여 새마을금고법 위반으로 기소되었는데, 검사는 **사법경찰관 작성의 공범 甲에 대한 피의자신문조서 및 진술조서**를 증거로 제출하고, 검사가 신청한 증인 **乙은 법정에 출석하여 '甲으로부터 피고인에게서 50만 원을 받았다는 취지의 말을 들었다'고 증언**한 사안에서, ① 甲이 법정에 출석하여 위 피의자신문조서 및 진술조서의 성립의 진정을 인정하였더라도 **피고인이 공판기일에서 그 조서의 내용을 모두 부인한 이상 이는 증거능력이 없고**('진술조서'의 형식을 취하였다 하더라도 그 실질이 공범에 대한 피의자신문이라면 피의자신문조서에 준하여 취급 - 필자 주), ② 한편 제1심 및 원심 공동피고인인 **甲은 원심에 이르기까지 일관되게 피고인으로부터 50만 원을 받았다는 취지의 공소사실을 부인**한 사실에 비추어 원진술자 甲이 사망, 질병, 외국거주, 소재불명 그 밖에 이에 준하는 사유로 인하여 진술할 수 없는 때에 해당하지 아니하여 **甲의 진술을 내용으로 하는 乙의 법정증언은 전문증거로서 증거능력이 없으며,** 나아가 피고인은 일관되게 甲에게 50만 원 자체를 교부한 적이 없다고 주장하면서 적극적으로 다툰 점, 이에 따라 사법경찰관 작성의 甲에 대한 피의자신문조서 및 진술조서의 내용을 모두 부인한 점, 乙의 법정증언이 전문증거로서 증거능력이 없다는 사정에 대하여 피고인 또는 변호인에게 의견을 묻는 등의 적절한 방법으로 고지가 이루어지지 않은 채 증인신문이 진행된 다음 증거조사 결과에 대한 의견진술이 이루어진 점, 乙이 위와 같이 증언하기에 앞서 원진술자 甲이 피고인으로부터 50만 원을 제공받은 적이 없다고 이미 진술한 점 등을 종합하면 피고인이 乙의 법정증언을 증거로 삼는 데에 동의하였다고 볼 여지는 없고, 乙의 증언에 따른 증거조사 결과에 대하여 별 의견이 없다고 진술하였더라도 달리 볼 수 없으므로, **결국 사법경찰관 작성의 甲에 대한 피의자신문조서 및 진술조서와 乙의 전문진술은 증거능력이 없다.** 따라서 위 각 증거의 증거능력을 인정하여 공소사실에 대한 유죄의 증거로 삼은 원심의 조치에 형사소송법 제312조, 제316조 등에서 정한 증거능력에 관한 법리 등을 오해한 잘못이 있다(대법원 2019.11.14, 2019도11552).

**solution** 증거능력이 인정되는 것이 없다.

## 6 당사자의 동의와 증거능력

## 7 탄핵증거

## 8 자백과 보강증거

●●●
### 104 피고인이 휴대전화기의 카메라로 피해자를 몰래 촬영한 현장에서 현행범으로 체포되면서 위 휴대전화기를 수사기관에 임의제출한 사안에서, 피고인의 자백을 보강할 증거가 있는지 여부가 쟁점이 된 사건

• 경찰2차 21, 국가7급 21, 국가9급 20

[제1문] 피고인 A는 지하철역 에스컬레이터에서 휴대전화기의 카메라를 이용하여 성명불상 여성 피해자의 치마 속을 몰래 촬영하다가 현행범으로 체포되어 성폭력범죄의 처벌 등에 관한 특례법 위반(카메라등이용촬영)으로 기소되었다. 검사가 제출한 증거 중 체포 당시 임의제출 방식으로 압수된 A 소유 휴대전화기에 대한 압수조서가 있다. 이 압수조서 중 '압수경위'란에 기재된 내용은 A가 범행을 저지르는 현장을 직접 목격한 사법경찰관 B의 진술이 담긴 것이다. 이는 전문증거에 해당하는데, 그렇다면 그 증거능력을 인정하기 위한 전문법칙의 예외규정 중 제 몇 조 제 몇 항에 해당하는가?

[제2문] (현행범 체포현장에서 형사소송법 제218조에 따른 임의제출물 압수가 가능하다고 하더라도, 제출의 임의성이 있어야만 압수물에 대한 증거능력이 인정될 수 있는 것인데, 이 사건에서 만약 임의제출에 의한 압수절차와 그 효과에 대한 피고인의 인식 또는 경찰관의 고지가 없었다고 보이는 등 피고인이 현행범으로 체포될 당시 임의제출 방식으로 압수된 피고인 소유의 휴대전화기 – 제1호증, 이하 '이 사건 휴대전화기' – 에 대하여 경찰관의 강제수사 또는 피고인의 임의적 제출의사 부재가 의심되는 반면 이를 배제할 검사의 증명이 전혀 이루어지지 않아 이 사건 휴대전화기의 증거능력은 인정되지 않는다고 하여도) 위 제1문의 목격자 B의 진술이 담긴 압수조서는 이 사건 휴대전화기에 대한 임의제출절차가 적법하였는지에 따라 그 증거능력에 영향을 받지 않는 별개의 독립적인 증거에 해당하는가?

[제3문] A가 공소사실에 대하여 자백하고 검사가 제출한 모든 서류에 대하여 증거로 함에 동의하였을 경우, 위 제1문의 목격자 B의 진술이 담긴 압수조서는 자백을 보강하는 증거가 될 수 있는가?

[제4문] 현행범 체포현장이나 범죄 현장에서 소지자 등이 임의로 제출하는 물건을 형사소송법 제218조에 의하여 영장 없이 압수할 때, 검사나 사법경찰관은 별도로 사후에 영장을 받아야 하는가?

[제1문 · 제2문 · 제3문]

판례 **피고인은 공소사실에 대해 자백하고 검사가 제출한 모든 서류에 대하여 증거로 함에 동의하였는데,** 그 서류들 중 체포 당시 임의제출 방식으로 압수된 피고인 소유 휴대전화기(이하 '휴대전화기'라고 한다)에 대한 **압수조서의 '압수경위'란**에 '지하철역 승강장 및 게이트 앞에서 경찰관이 지하철범죄 예방 · 검거를 위한 비노출 잠복근무 중 검정 재킷, 검정 바지, 흰색 운동화를 착용한 20대 가량 남성이 짧은 치마를 입고 에스컬레이터를 올라가는 여성을 쫓아가 뒤에 밀착하여 치마 속으로 휴대폰을 집어넣는 등 해당 여성의 신체를 몰래 촬영하는 행동을 하였다'는 내용이 포함되어 있고, 그 하단에 **피고인의 범행을 직접 목격하면서 위 압수조서를 작성한 사법경찰관 및 사법경찰리**의 각 기명날인이 들어가 있으므로, 위 압수조서 중 '압수경위'란에 기재된 내용은 피고인이 범행을 저지르는 현장을 직접 목격한 사람의 진술이 담긴 것으로서 **형사소송법 제312조 제5항에서 정한 '피고인이 아닌 자가 수사과정에서 작성한 진술서'에 준하는 것으로 볼 수 있고**(이상 제1문의 판례), 이에 따라 **휴대전화기에 대한 임의제출절차가 적법하였는지에 영향을 받지 않는 별개의 독립적인 증거에 해당하여**(이상 제2문의 해결), **피고인이 증거로 함에 동의한** 이상 유죄를 인정하기 위한 증거로 사용할 수 있을 뿐 아니라 **피고인의 자백을 보강하는 증거가 된다고 볼 여지가 많다**(이상 제3문의 해결). 따라서 이와 달리 피고인의 자백을 뒷받침할 보강증거가 없다고 보아 무죄를 선고한 원심판결에 자백의 보강증거 등에 관한 법리를 오해하거나 필요한 심리를 다하지 아니한 잘못이 있다(대법원 2019.11.14, 2019도13290).

solution [제1문] 제312조 제5항
[제2문] 별개의 독립적인 증거에 해당한다.
[제3문] 자백을 보강하는 증거가 될 수 있다.

[제4문]

판례 범죄를 실행 중이거나 실행 직후의 현행범인은 누구든지 영장 없이 체포할 수 있고(형사소송법 제212조), 검사 또는 사법경찰관은 피의자 등이 유류한 물건이나 소유자 · 소지자 또는 보관자가 임의로 제출한 물건은 영장 없이 압수할 수 있으므로(제218조), **현행범 체포현장이나 범죄 현장에서도 소지자 등이 임의로 제출하는 물건은 형사소송법 제218조에 의하여 영장 없이 압수하는 것이 허용되고, 이 경우 검사나 사법경찰관은 별도로 사후에 영장을 받을 필요가 없다**(대법원 2019.11.14, 2019도13290).

solution 별도로 사후에 영장을 받을 필요가 없다.

●●○
## 105 자백에 대한 보강증거가 되기 위한 기준 (1)
• 법원9급 21

판례 자백에 대한 보강증거는 범죄사실의 전부 또는 중요 부분을 인정할 수 있는 정도가 되지 않더라도 피고인의 자백이 가공적인 것이 아닌 진실한 것임을 인정할 수 있는 정도만 되면 충분하다. 직접증거가 아닌 간접증거나 정황증거도 보강증거가 될 수 있고, 또한 자백과 보강증거가 서로 어울려서 전체로서 범죄사실을 인정할 수 있으면 유죄의 증거로 충분하다(대법원 1998.12.22, 98도2890; 2001.9.28, 2001도4091; 2007.5.31, 2007도1419 등). 원심이 적법하게 증거로 채택한 '부동산등기부등본', '수사보고(압수수색검증영장 집행 결과 보고), 횡령 및 반환 일시 거래내역', '수사보고(공소외인 계좌 영장집행 결과 보고), 계좌거래내역', '사실확인서'(증거목록 9번)는 피고인의 자백이 진실함을 뒷받침하기에 충분하다고 판단된다(대법원 2017.12.28, 2017도17628).

●●○
## 106 자백에 대한 보강증거가 되기 위한 기준 (2)
• 경찰2차 19, 법원9급 21

판례 피고인이 마약류취급자가 아님에도 향정신성의약품인 러미라를 3회에 걸쳐 甲에게 제공하고, 2회에 걸쳐 스스로 투약하였다고 하여 마약류 관리에 관한 법률 위반(향정)으로 기소된 경우, 피고인은 동종 범죄전력이 4회 더 있어 공소사실을 자백하면 더 불리한 처벌을 받으리라는 사정을 알고 있었음에도, 수사기관에서 '乙로부터 러미라 약 1,000정을 건네받아 그중 일부는 甲에게 제공하고, 남은 것은 자신이 투약하였다'고 자백하면서 투약방법과 동기 등에 관하여 구체적으로 진술한 이래 원심에 이르기까지 일관되게 진술을 유지하여 자백의 임의성이 인정되고, 乙에 대한 검찰 진술조서 및 수사보고(피의자 휴대전화에서 복원된 메시지 관련)의 기재 내용에 의하면, 乙은 피고인의 최초 러미라 투약행위가 있었던 시점에 피고인에게 50만 원 상당의 채무변제에 갈음하여 러미라 약 1,000정이 들어있는 플라스틱통 1개를 건네주었다고 하고 있고, 甲은 乙에게 피고인으로부터 러미라를 건네받았다는 취지의 카카오톡 메시지를 보낸 사실을 알 수 있어, 이러한 乙에 대한 검찰 진술조서 및 수사보고는 피고인이 乙로부터 수수한 러미라를 투약하고 甲에게 제공하였다는 자백의 진실성을 담보하기에 충분하다(대법원 2018.3.15, 2017도20247).

# 9 공판조서의 증명력

# 판·례·색·인

**[헌법재판소]**

MEMO